대기업을 사로잡는 자기소개서

김연욱 지음

대기업을 사로잡는 자기소개서

김연욱 지음

세창미디어

대기업을 사로잡는 자기소개서

초판 발행 2010년 3월 25일
초판 2쇄 발행 2010년 9월 15일

지은이 김연욱 | **펴낸이** 이방원

편집 김명희 · 손소현 · 안효희 · 채지민 | **마케팅** 최성수

펴낸곳 세창미디어 | **출판신고** 1998년 1월 12일 제300-1998-3호
주소 120-050 서울시 서대문구 냉천동 182 냉천빌딩 4층
전화 723-8660 | **팩스** 720-4579
이메일 sc1992@empal.com
홈페이지 http://www.scpc.co.kr

ISBN 978-89-5586-106-8 13710

ⓒ 김연욱, 2010

값 15,000원

잘못 만들어진 책은 바꾸어 드립니다.

대기업을 사로잡는 자기소개서 / 김연욱 지음. — 서울 : 세창미디어, 2010
   p. ;   cm

ISBN 978-89-5586-106-8 13710 : ₩15000

자기소개서[自己紹介書]
취업[就業]

325.337-KDC5
658.311-DDC21   CIP2010001010

요즘 취업에 관한 실로 다양한 책과 정보가 쏟아진다. 일반적인 취업 상식에서부터 자기소개서, 면접, 영어 면접, 적성 검사까지 세부적으로 나뉜 정보를 우리는 손쉽게 접할 수 있다. 하지만 일부 책의 경우에는 인터넷에 돌아다니는 방대한 분량의 정보를 읽기 쉽게 짜깁기한 것을 넘어서지 않는다. 인사 담당자 출신의 저자가 집필한 책은 기업 측에서 바라본 자기소개서와 면접에만 초점을 맞추고 있다. 기업이 기대하는 수치가 90에서 100 사이라면 현재 지원자들이 준비할 수 있는 수준은 70에서 80 사이이다. 80과 90을 연결해 줄 수 있는 10 정도가 지원자들에게 필요하다는 것이 필자의 생각이다. 기업과 지원자 사이에 놓여 있는 이 10이라는 강을 건널 방법이 필요하다. 다리를 놓는 방법도 있고 배를 타는 방법도 있고 헤엄을 치는 방법도 있겠다.

'기업의 인재상에 맞춰서 자기소개서를 작성해야만 한다.'

'지원 직종을 분석하여 거기에 어울리는 내용을 뽑아야 한다.'

'우리 회사는 자기소개서를 꼼꼼하게 검토하니까 정성 들여서 작성해
야만 한다.'

'기업의 철학과 비전을 골고루 살핀 후에 거기에 맞춰서 자기소개서
를 작성하는 것이 유리하다.'

기업의 채용 설명회나 캠퍼스 리크루팅 혹은 신문 기사 등
을 통하여 여러분들은 위와 같은 정보를 쉽게 얻을 수 있었을
것이다. 그래서 이제 우리는 최소한 자기소개서 작성에 대한 방
향은 잡을 수 있다. 하지만 위와 같은 정보를 전해주는 그 어떤
누구도 어떻게 그렇게 할 수 있는지를 설명해주지는 않는다. 방
향만 알고 방법은 알지 못한다면 스스로 터득해야 하는데 그것
또한 쉽지 않다. 여러분들이 가장 많이 활용하는 방법은 가능한
많은 자기소개서 샘플을 읽어보는 것인데, 이 역시 방법에 대한
지식이 부족하다면 합격한 자기소개서를 아무리 많이 읽어보아
도 그것이 왜 합격하게 되었는지 알아내지 못할 확률이 높다.
　필자는 지난 수년간 여러 대학교에서 진행한 자기소개서 컨설팅
프로그램 및 취업 강의를 통하여 수천 명의 학생들을 만나왔다. 그
리고 그들이 진정으로 고민하는 것들 중에는 일반적인 서적이나 정
보가 만족시켜줄 수 없는 부분이 있다는 것을 알게 되었고 필자 나
름대로 그 부분을 해결할 수 있는 노하우를 만들어냈다. 따라서 이
책에 실려 있는 접근법이나 작성법은 그 어떤 책이나 정보를 통해서

도 접할 수 없는 독특한 내용이 될 것이라고 필자는 장담한다.

최근 대기업 취업의 키워드는 누가 뭐래도 면접이다. 하지만 면접으로 가는 티켓은 모두에게 주어지지 않는다는 점에서 우리는 자기소개서에 먼저 신경을 써야 한다. 취업은 스펙 싸움이지만 스펙이 아무리 좋아도 그저 그런 자기소개서로는 서류 전형을 통과하기가 쉽지 않다. Name value가 좋은 학교의 학생들 중에서 이런 케이스를 많이 접해 보았다. 반면 스펙이 다소 부족하고 name value가 상대적으로 떨어지는 학교의 학생이라 할지라도 자기소개서의 내용이 좋으면 면접으로 가는 티켓을 차지할 수 있다. 즉, 상대적으로 스펙이 부족한 지원자라 할지라도 기업과 기업의 문화, 지원 업무 등과 잘 맞는다면 기업은 일단 서류에서 그 지원자를 통과시킨 후에 면접을 통하여 심층적으로 관찰하고자 한다. 대기업의 서류 전형은 이런 평가가 가능하도록 구성되어 있다. 필자는 그 부분에 집중하여 대기업 자기소개서를 철저하게 분석한 내용을 공개할 것이다.

'○○에 입사하려면 어느 정도의 스펙을 갖추어야 하나요?'

필자가 학생들을 만나면서 가장 많이 들어온 질문들 중 하나이다. 필자는 주저하지 않고 항상 다음과 같이 대답한다.

'그런 것은 없다.'

학점이 낮아도, 토익 점수가 없어도, 봉사 활동이 없어도, 학교의 name value가 떨어져도 취업이 되는 학생들이 분명 존재한다. 그리고 그들은 자기소개서를 정말로 정성 들여서 잘 작성했다. 성장과정이나 장단점을 작성하려면 자기 자신을 잘 분석해야 한다. 기업에 지원하는 이유와 입사 후 포부를 작성하려면 해당 기업의 정보를 꼼꼼하게 조사할 수밖에 없다. 사회 활동이나 직무 경험 등을 작성하려면 자신이 해왔던 모든 경험을 되짚어가는 과정을 거쳐야만 한다. 모든 작업은 면접과 아주 밀접하게 관련이 되어 있다. 따라서 자기소개서를 어떻게 작성해야 하는지를 이해하고 정성 들여 잘 작성한 지원자의 노력은 면접에서도 빛을 발하게 되는 것이다.

어렵게 생각하면 한없이 어려워만 지는 것이 취업이다. 특히 대기업이라는 이름이 주는 force에 눌려서 애초부터 지원을 포기하거나 지원해도 탈락할 것이라고 생각하고 작성하는 자기소개서는 충분한 정성을 보여주기 어렵다. 필자가 여러분들을 도와줄 것이다. 지금까지 작성해온 아니면 앞으로 작성할 대기업 자기소개서는 확실하게 무엇인가를 알고 작성할 수 있도록 그 방법을 전수해 줄 것이다. 그리고 난 이후에 누군가가

'○○에 입사하려면 어느 정도의 스펙을 갖추어야 하나요?'

라고 질문한다면 필자는 주저 없이 여러분들의 스펙을 자신 있게 알려줄 것이다.

START **1**
인재상 맞추기 ... 13

STEP 1 ≫ 기업의 자기소개서 항목을 파악하라 ... 21

STEP 2 ≫ 기업의 인재상을 파악하라 ... 35

STEP 3 ≫ 나만의 에피소드를 구성하라 ... 39

STEP 4 ≫ 연결하라 ... 42

START **2**
에피소드 작성하기 ... 51

STEP 1 ≫ 고정관념을 버려라 ... 54

STEP 2 ≫ 에피소드를 다양하게 구성하라 ... 60

STEP 3 ≫ Impact를 고려하라 ... 64

STEP 4 ≫ 구라와 포장 사이에서 고민하지 마라 ... 70

STEP 5 ≫ 올리고 내리고 법칙을 활용하라 … 76

STEP 6 ≫ 소제목, 달려면 제대로 달아라 … 84

START 3
주제별 항목의 작성 트렌드와
구체적인 작성법 … 91

STEP 1 ≫ 성장과정, 자기소개, 생활신조, 인생관 등 … 94

STEP 2 ≫ 장단점 … 114

STEP 3 ≫ 사회 활동 … 128

STEP 4 ≫ 직무 경험 … 139

STEP 5 ≫ 동기 및 포부 … 149

START 4
까다로운 항목의 구체적인 작성법 … 171

STEP 1 ≫ 기본적인 항목 구성법 … 173

STEP 2 ≫ 항목의 개수가 적은 경우 구성법 … 184

STEP 3 ≫ 글자수 압박이 심한 경우 구성법 … 194

STEP 4 ≫ 역량 기술 작성 … 204

STEP 5 ≫ 성공/실패 사례(성취감, 어려움, 극복 등) … 216

STEP 6 ⫸ 경쟁력 및 특기 사항 ... 226

STEP 7 ⫸ 정직/윤리 ... 236

STEP 8 ⫸ 갈등 해결 ... 243

STEP 9 ⫸ 창 의 ... 249

STEP 10 ⫸ 글로벌 감각 ... 255

STEP 11 ⫸ 변화, 개선, 혁신 ... 261

STEP 12 ⫸ 기타 항목 ... 270

BONUS

재구성 실전 연습 ... 275

대기업 자기소개서 초전박살

인재상 맞추기

STEP 1 » 기업의 자기소개서 항목을 파악하라

STEP 2 » 기업의 인재상을 파악하라

STEP 3 » 나만의 에피소드를 구성하라

STEP 4 » 연결하라

대기업 자기소개서는 진화에 진화를 거듭하고 있다. 일반적인 항목으로만 구성되었던 대기업 자기소개서가 해당 기업들이 정한 글자 수 제한으로 구직자에게 압박을 주기 시작했다. 하지만 글자 수 제한을 두어도 기업들이 원하는 내용을 한 번에 전달하는 지원자가 많지 않자 기업들은 아예 항목 자체를 구체적으로 변화시키기 시작했다. 이것이 바로 우리가 대기업 자기소개서를 어렵게 느끼는 첫 번째 이유이다.

기업은 구체적이고 까다로운 자기소개서 항목으로 지원자의 충분한 능력, 잠재력, 배경, 경험 등을 확인할 수 있었다. 하지만 2% 부족한 느낌이 들었는데 그것은 바로 그 회사와 지원자가 잘 어울릴 수 있을지에 대한 해답을 찾는 부분이었다. 소위 기업과 지원자의 궁합을 말하는 것인데 일하기에 충분한 인재를 선별해낼 수는 있었지만 기업과 충분히 어울리는 인재를 선별한다는 측면에서는 조금 아쉬웠다. 그래서 기업들은 인재상에 맞게 자기소개서를 작성하는 지원자를 골라내기 시작했다.

인재상은 기업에 지원하는 인재가 갖추었으면 하는 기업이 원하는 구직자의 자질이다. 물론 이 인재상은 기업마다 다르다. 인재상이 다르다는 이유 하나만으로도 하나의 자기소개서를 다른 기업에 돌려 쓸 수 없다는 결론을 얻을 수 있다. 아무튼 기업의 인재상에 맞추어서 자기소개서를 작성하는 방법을 알지 못한 채로 자기소개서를 작성한다면, 기업들은 구직자를 충분한 가치가 있는 옷이지만 자신들에게는 어울리지 않는 인재라고 여길 것이다. 옷은 어울리지 않으면 입지 않는다. 따라서 가치 있으면서도 기업에게 어울리는 옷처럼 보일 필요가 있다.

기업의 자기소개서를 인재상에 맞추어야 한다는 것은 필자의 생각이 아니다. 공채를 앞두고 언론에 공개되는 기업 인사 담당자들의 인터뷰를 보면 인재상에 대한 언급이 상당히 잦아진 것을 확인할 수 있다. 또 최근에는 자기소개서 항목에도 그것을 적용하면서 다시 한 번 인재상의 중요성을 잘 보여주고 있다.

대한항공 KOREAN AIR

- KE 인재상 중 자신과 가장 근접한 항목과 향후 보완 필요한 항목에 대하여 구체적인 근거를 제시하여 기술.

기아자동차 KIA KIA MOTORS

- 인재상(도전/창의/열정/협력/글로벌마인드 중 택1) 관련 경험.

한화 L&C Hanwha L&C

- L&C 인재상(Challenge, International, Creative, Liberal)과 본인의 역량이 부합하는 점 및 그 역량이 구체적으로 드러난 사례.

녹십자 녹십자

- 녹십자의 인재상과 그에 부합하는 자신의 장점을 기술하십시오.

현대 상선 *HMM*

- 당사 인재상 중 하나를 골라 본인의 생활신조와 부합되는 면을 기술하세요.

서울 반도체

- 주요활동경험: 당사 인재상과 부합된 사실을 구체적으로 기술하여 주세요(도전, 열정, 창의 중 택1).

SC제일은행

- SC제일은행이 지향하는 5가지 중요한 핵심 가치가 있습니다. 지금까지의 학교생활과 기타 사회 경력을 통하여 SC제일은행의 핵심 가치와 부합하는 업적(성취분야) 또는 실제적인 삶의 모습과 경험을 써 주십시오.

아모레퍼시픽

- AMOREPACIFIC의 5대 가치 실현을 위해 귀하가 지원한 직무를 수행함에 있어 해야 할 것과 하지 말아야 할 것을 서술하시오.

항목이 인재상에 맞는 내용을 골라 쓰도록 되어 있다. 또한 기업이 지향하는 핵심 가치나 경영 철학을 인재상 대신 내세우는 항목도 존재한다. 앞에서도 말했듯이 기업은 자기소개서를 인재상에 맞춰 쓰라 하고 방법은 알려주지 않기 때문에 지원자들은 어려움을 겪는

다. 그래서는 자신들과 잘 맞는 지원자인지 확인하기 어려우니까 아예 항목 중 하나를 인재상을 바탕으로 구성하여 친절하게 설명하고 있는 것이다. 그럼, 다음과 같은 기업들은 어떤지 살펴보자.

금호 아시아나 그룹 금호아시아나

- 귀하가 금호 아시아나 그룹(1지망 지원회사)을 지원하게 된 동기에 대해 서술해 주십시오.
- 5~10년 후에 귀하의 경력 목표는 무엇이며, 그것을 추구하는 이유를 서술해 주십시오.
- 귀하가 지원한 직무는 무엇이며, 지원한 직무를 성공적으로 수행할 수 있다고 생각하는 이유를 본인의 경험에 기반하여 내세울 만한 강점 혹은 개성을 바탕으로 서술해 주십시오.
- 예상치 못했던 문제로 인해 계획대로 일이 진행되지 않았을 때, 책임감을 가지고 적극적으로 끝까지 업무를 수행해내어 성공적으로 마무리했던 경험이 있으면 서술해 주십시오.
- 개인적인 어려움과 희생을 각오하고 윤리적, 도덕적으로 행동했던 경험이 있다면 서술해 주십시오.

STX그룹 stx

- 성장과정.
- 본인성격.
- 지원동기.
- 역량수준(1) 본인이 지원한 직무에 대한 본인의 강점과 약점을 기술해 주십시오.
- 역량수준(2) 남들이 생각하지 못한 새롭고 참신한 아이디어를 적용

하여 좋은 결과를 거둔 경험에 대해 기술해 주십시오.
- 역량수준(3) 다른 사람들이 어렵다고 시도하지 않은 일을 추진하여 성공한 경험 또는 실패한 경험 중에서 가장 대표적인 사례를 기술해 주십시오.
- 역량수준(4) 다른 사람과 차별화된 능력을 갖추기 위해 시간과 자원을 꾸준히 투자하여 자기계발한 경험에 대해서 기술해 주십시오.
- 역량수준(5) 자신과 성격이나 업무 스타일이 매우 다르다고 생각한 사람과 함께 프로젝트 또는 활동해 본 경험에 대해 기술해 주십시오.
- 장래계획.

위 기업들은 인재상에 맞춰 쓰라고 대놓고 요구하지는 않는다. 하지만 이 기업들의 인재상을 한 번이라도 조사해봤다면 자기소개서 항목 전체가 인재상에 맞춰서 구성되어 있다는 것을 파악할 수 있을 것이다.

금호 아시아나 금호아시아나 인재상

집념의 세계인: 끈기와 지혜로 세계에 도전하는 금호 아시아나인
직업에 대한 윤리 의식
맡은 직무에 대한 책임 의식

금호 아시아나의 자기소개서에서 비교적 기본적인 항목인 동기와 경력 목표, 지원 직무를 제외한 나머지 두 항목을 보자.

- 예상치 못했던 문제로 인해 계획대로 일이 진행되지 않았을 때, **책임감**을 가지고 **적극적**으로 끝까지 업무를 수행해내어 성공적으로 마무리했던 경험이 있으면 서술해 주십시오.
- 개인적인 어려움과 희생을 각오하고 **윤리적, 도덕적**으로 행동했던 경험이 있다면 서술해 주십시오.

위 항목들에서 책임감, 적극적, 윤리적, 도덕적과 같은 키워드를 뽑을 수 있다. 그리고 인재상에 포함된 끈기, 지혜, 윤리 의식, 책임 의식 등과 아주 밀접하게 관련된 단어를 활용하여 문장을 만들고 그것을 항목으로 활용하고 있다는 것도 알 수 있다.

STX도 마찬가지이다. 이 기업은 역량 수준의 거의 모든 항목이 인재상과 일치한다. 보기 쉽게 표로 정리해보았다. **굵게 표시해 놓은 키워드를 중점으로 비교해보자.**

STX **stx** 인재상

STX 인재상	STX중공업: 역량수준
변화를 선도해 니기는 진취적인 STX인	
창의력을 발휘하며 노력하는 STX인	남들이 생각하지 못한 새롭고 **참신한** 아이디어를 적용하여 좋은 결과를 거둔 경험에 대해 기술해 주십시오.
적극적인 행동으로 도전하는 STX인	**다른 사람들이 어렵다고 시도하지 않은 일을 추**진하여 성공한 경험 또는 실패한 경험 중에서 가장 대표적인 사례를 기술해 주십시오.
자기계발을 통해 미래를 준비하는 STX인	다른 사람과 차별화된 능력을 갖추기 위해 지속적으로 시간과 자원을 꾸준히 투자하여 **자기계발**한 경험에 대해서 기술해 주십시오.

STX 인재상	STX중공업: 역량수준
회사와 동료와 가정의 소중함을 느끼고 감사하는 STX인	자신과 성격이나 업무 스타일이 매우 다르다고 생각한 사람과 함께 프로젝트 또는 활동해 본 경험에 대해 기술해 주십시오.

이런 기업들은 항목에 충실하게 내용을 작성하기만 하면 저절로 인재상에 맞출 수 있다는 장점이 있다. 이렇게 힌트가 많이 노출되면 혹은 이러한 힌트를 여러분들이 알아낼 수 있다면 모두가 인재상에 맞는 자기소개서를 작성할 수 있을 것이다. 그런데 여러분들의 자기소개서가 모두 인재상에 맞게 작성이 되었다면 서류 전형의 합격 여부는 어떻게 결정되냐고? 여러분들이 작성한 이야깃거리의 질이 기업의 인재상과 얼마나 잘 맞는지가 서류 전형의 합격 여부를 결정하게 될 것이다. 이 부분은 뒤에서 중점적으로 다루게 될 것이므로 지금은 여기까지만 언급하도록 하겠다.

어쨌든 위와 같이 친절한 몇몇 기업을 제외하고는 우리 스스로 자기소개서를 인재상에 맞춰야만 한다. 그리고 우리는 아직 자기소개서를 인재상에 맞추는 방법을 잘 모른다.

기업의 자기소개서 항목을 파악하라

하지만 단순하게 기업의 인재상만 파악한다고 해서 인재상에 맞는 자기소개서를 작성할 수 있는 것은 아니다. 단계별로 차근차근 접근해야만 핵심을 정확하게 찾을 수 있다. 따라서 기업의 인재상을 파악하기 위한 첫 번째 단계로 해당 기업의 자기소개서 항목을 먼저 파악하도록 하자. 그렇게 해야만 자기소개서의 전체적인 구성을 결정할 수 있으며 내가 무엇을 작성해야 하는지 감을 잡을 수 있을 것이다.

이참에 아예 기업들의 다양한 자기소개서 항목을 살펴보자. 어차피 한 기업에만 지원하지는 않을 것이니까 다양한 구성을 파악하여 어떻게 인재상에 맞출 수 있는지를 분석해보는 시간을 갖는 것이

좋겠다. 여러분들이 원하는 기업의 항목을 꼭 챙겨두는 것은 잊지
말고.

삼성 SAMSUNG

- 자기소개: 자신이 회사에 필요한 사람임을 보일 수 있도록 자신에 대해 좀 더 자세히 적어주십시오.
- 장점.
- 보완점: 직무수행과 관련하여 자신의 장점과 보완점을 말씀해 주십시오.
- 지원동기 및 포부: 자신의 지원동기 및 포부에 대해 말씀해 주십시오.

롯데그룹 LOTTE

- 지원동기(회사를 지원하게 된 동기를 입력하세요).
- 성장과정(자신의 성장과정과 가족사항 등을 입력하세요).
- 사회 활동(교내과외활동경력, 동아리 활동, 봉사 활동, 해외연수, 기타 사회 활동을 입력하세요).
- 직무 경험(직무 경험을 입력하세요).
- 입사 후 포부(입사 후 포부를 입력하세요).

GS건설 GS건설

- 자기소개(성장과정, 성격의 장점 및 보완점 등).
- 학교 생활에 대하여(동아리/학회/리더경험).

> • GS건설 지원동기(본인의 역량과 연관지어 기술).
> • 희망 직무 및 입사 후 포부.

대우 인터내셔널

> • 성장과정 및 자기소개.
> • 교내활동 및 자기개발.
> • 대외활동(인턴, 봉사 활동, 사회경험 등).
> • 지원동기 및 입사 후 포부.

한솔 ⁚Hansol

> • 성장과정.
> • 성격의 장단점 및 특기.
> • 지원 동기 및 희망 직무, 입사 후 포부.
> • 특기사항(사회 활동 및 서클활동/해외 연수 경험 등).

가장 기본이 되는 항목인 자기소개/성장과정, 장단점, 학교생활, 관련 경험, 동기, 포부 등으로 구성된 자기소개서들이다. 여러 기업의 자기소개서를 접해 본 지원자들은 알겠지만 위와 같은 기본적인 항목을 갖춘 기업들이 꽤 많다. 일단 지금은 각 항목의 작성법을 파악하는 순서는 아니니까 항목 구성만을 접해보도록 하자. 그렇다면 다음과 같은 항목 구성은 어떤가?

GS홈쇼핑

• 자유기술.

신한생명 인턴

• 지원동기, 성장과정, 사회 활동경험 등을 자유롭게 기술하시오.

대상

• 자유기술: 직무선택의 이유, 경험, 개인의 특성 중심으로 간결하게
  작성해 주세요.

유한킴벌리

• 자유기술(자기소개서는 모든 지원자가 반드시 작성하여야 하며, 경력인
  경우는 업무경력을 중심으로 기재하시기 바랍니다. 충실하게 기재한 자기
  소개서에 기업은 관심을 갖습니다).

두산그룹

• 살아오면서 부딪쳤던 가장 큰 장애물을 끝까지 완수한 사례를 기
  술하고, 그 난관을 극복하기 위해 어떠한 노력을 하였고, 그 결과
  는 어떠했는지 기술하십시오.

LG 파워콤

• 자기소개는 필수항목입니다. 반드시 기재해 주시기 바랍니다(특기,

장단점, 성격, 관심분야 위주로 작성).
• 지원동기/입사 후 포부는 필수항목입니다. 반드시 기재해 주시기
  바랍니다.

항목 수가 적은 경우이다. 단 한 개의 항목만으로 구성된 경우도 있고 2~3개 정도로 된 경우도 있는데 항목 수가 적은 자기소개서의 공통점은 각 항목당 글자 수를 많이 허락한다는 것이다. 그도 그럴 것이 기업은 자기소개서를 통해서 지원자의 기본적인 이야기를 들어야 하는데, 항목도 적으면서 글자 수도 많이 주어지지 않으면 정보를 전달할 공간이 정말로 부족하다. 따라서 항목 수가 적은 대부분의 자기소개서는 많은 내용을 작성할 수 있도록 되어 있다.

반대로 항목이 많은 경우에는 자연스럽게 글자 수가 줄어들기도 한다. 다음이 그 대표적인 예이다.

현대제철 **H** 현대제철

• 나의 걸어온 길.
  – 성장배경, 성격의 단점, 성격의 장점, 동아리/봉사 활동, 사회경
    험, 자기개발 노력.
• 지원동기.
  – 입사 후 포부, 관심분야, 기타.
• 나는요!
  – 자기 PR을 제목과 힘께 작성해 주십시오(3가지).

위와 같은 항목을 각 100자 이내로 작성하도록 되어 있다. 하지만 항목 수가 많다고 무조건 글자 수가 적은 것도 아니다. 항목이 많으면서 글자 수 제한도 적당한 기업의 자기소개서도 존재한다.

- 본인이 평가하는 자기의 모습과, 남들이 평가하는 본인의 모습은 어떠한지 기술해 주시오.
- 본인의 대표적인 성격과 그 성격특징을 잘 나타낸 경험이나 사례를 기술해 주시오.
- 본인이 해당직무(ex, 영업, 경영관리, 연구, 개발)에 적성이 있는지, 또한 업무에 대한 열정을 구체적으로 기술해 주시오.
- 같은 기간 동안 남들보다 우수한 능력을 보이고, 만족한 결과를 얻었던 이유와 경험에 대해 기술해 주시오.
- 자신의 분석적 능력을 최대한 발휘하여 성공했었던 일에 대한 경험에 대해 기술해 주시오.
- 학창시절, 여가생활, 군생활 등의 활동 중 본인의 의사결정을 통해 성공적인 결과를 이끈 경험을 기술해 주시오.
- 살아오면서 부딪혔던 가장 큰 난관은 무엇이었으며, 그 난관을 극복하기 위해 어떻게 문제를 분석하였고, 노력을 하였는지, 그 결과는 어떠했는지 기술하시오.

각 항목을 700자 이내로 작성하도록 구성되어 있다. 이렇게 기업들은 자신들이 원하는 정보를 최대한으로 얻을 수 있도록 항목 수와 글자 수를 최적의 상태로 구성하고 있는 것이다. 그렇다면 다음과 같은 기업의 항목은 어떠한가?

현대카드 HyundaiCard

- '자신'에 대해서 기술하세요(성장과정, 성격, 강·약점, 취미, 특기사항 등).
- 학교 및 사회생활, 국·내외 여행 등 자신이 겪은 경험에 대해 구체적으로 기술하세요.
- 최근 자신의 가장 성공적인 경험과 실패한 경험에 대해 각각 구체적으로 기술하세요.
- 변화와 혁신에 대한 차이를 정의하고, 현대카드, 현대캐피탈에 적용 가능한 혁신방안에 대해 간략히 기술하세요.
- 지원 분야를 본인이 잘 수행할 수 있다고 생각하는 이유에 대해 구체적으로 기술하세요.
- 현대카드, 현대캐피탈, 현대커머셜을 가장 잘 설명할 수 있는 이미지와 그 이유에 대해 기술하세요.

신한카드 신한카드

- 성장과정, 성격의 장단점, 생활신조 등을 주제별로 구분하여 자유롭게 기술하여 주십시오.
- 사회경험(아르바이트, 인턴 등) 및 봉사 활동 등을 통해 느낀 점은 무엇이며, 그런 경험이 자신의 경력목표에 어떤 의미가 있다고 생각하는지 기술하여 주십시오.
- 지금까지의 인생에서 가장 기억에 남는 실패 경험은 무엇이며, 상황극복을 위해 본인은 어떠한 노력을 했는지 기술하여 주십시오.
- 신한카드를 지원한 동기는 무엇이며, 입사를 위해 준비한 사항과

태평양 제약 태평양제약

- 성격의 장단점 및 생활신조.
- 입사지원 동기 및 귀하가 지원한 직무를 성공적으로 수행할 수 있는 이유를 서술하시오.
- 귀하가 속했던 조직(회사, 학교, 기타 과외 활동)에서 주도적으로 새로운 것을 도입하거나 변화를 일으킨 것을 서술하고, 그것을 가능케 한 특성은 무엇입니까?
- 최근 5년간 열악한 환경을 극복하고 성공적으로 일을 마무리했던 경험 한 가지를 상세히 기술하시오.
- 남다른 특기, 재능 또는 특별활동이 있었다면 구체적으로 기술하시오.

GS칼텍스 GS 칼텍스

- 성장과정 및 학창시절에 대해서 작성해 주십시오.
- 지금까지 해오던 방식에서 벗어나 새로운 관점에서 일을 추진했던 경험에 대해서 작성해 주십시오.
- 새로운 환경이나 조직에 들어가서 갈등을 겪었던 경험과 이를 성공적으로 극복했던 사례에 대해서 작성해 주십시오.
- 가장 성취감을 느꼈던 일은 무엇이었습니까? 그 일을 시작하게 된 동기와 달성하기 위해 어떤 노력을 기울였는지 작성해 주십시오.
- 본인이 GS칼텍스에 꼭 입사해야 하는 이유와 지원 직무를 위해 했던 노력, 그리고 GS칼텍스에 입사해서 이루고 싶은 목표에 대해 작성해 주십시오.

항목 수는 적절한데 기본적인 구성의 항목에서 한 두 단계 응용
이 된 구성이다. 예를 들어서 신한카드의 경우에 그냥

'사회 경험 및 봉사 활동을 기술하여 주십시오'

라고 해도 될 것을

'사회경험(아르바이트, 인턴 등) 및 봉사 활동 등을 통해 느낀 점은 무
엇이며, 그런 경험이 자신의 경력목표에 어떤 의미가 있다고 생각하
는지 기술하여 주십시오'

라는 식으로 상당히 구체적인 요구를 하고 있다.

GS칼텍스도 지원자의 활동이나 경험 중에서 특히

'지금까지 해오던 방식에서 벗어나 새로운 관점에서 일을 추진했던
경험'이나 '가장 성취김을 느꼈던 일'

을 궁금해 하고 있다. 만약에 이런 기업들이 아주 기본적인 항목으
로만 지원자의 경험이나 활동을 요구한다면 지원자가 느낀 점이나
그것이 경력 목표에 중요한 이유, 새로운 관점 등에 대한 구체적인
이야기는 듣지 못할 가능성이 높을 것이다. 그래서 친절하게도 이렇
게 항목의 방향을 미리 결정하여 준 것이다.

슬슬 복잡한 구성이 나오기 시작한다. 하지만 아직 멀었다. 지금까지 본 항목들은 복잡한 구성 중에서 기본적인 수준에 불과하다. 이런 기본적인 수준의 구성에 역량 기술 작성이 더해지면 문제는 조금 더 커진다.

대림산업

- 교내 외 동아리 활동.
- 사회 공헌 활동.
- 자기소개사항(성격의 장단점, 생활신조, 지원동기 등).
  1. 지금까지 살아오면서 기존의 정해진 목표보다 더 높은 수준의 목표를 달성하고자 하며, 이를 위해서 시간이나 노력을 최대한으로 투입하고 관리한 경험에 대하여 기술해 주시기 바랍니다.
     - 1-1. 본인이 선정한 목표는 무엇이었으며, 목표를 세운 기준이나 근거는 무엇입니까?
     - 1-2. 목표를 달성하기 위해서 어떤 노력을 기울였습니까? 구체적으로 기술하여 주십시오.
     - 1-3. 노력의 결과와, 본 경험을 통해 본인이 습득한 교훈에 대해 기술하여 주십시오.
  2. 지금까지 팀을 이루어 활동하였던 경험 중에서, 공동의 목표를 달성하기 위해서 팀원들과 신뢰를 형성하고, 협력적인 관계를 구축하며, 시너지를 내기 위해서 노력한 경험에 대하여 기술해 주시기 바랍니다.
     - 2-1. 팀을 이루어 활동한 경험과 팀 내에서 본인의 역할 및 공동의 목표를 달성하기 위한 본인의 노력에 대해 기술해 주십시오.
     - 2-2. 팀원 간에 서로 갈등 상황이 발생하였을 때, 본인은 어떻게

해결하고자 하였습니까?

2-3. 팀 활동의 결과와, 팀 활동을 통해 본인이 습득한 교훈은 무엇입니까?

3. 지금까지 다양한 고객을 상대하면서, 고객을 만족시키기 위해 적극적으로 노력하였던 경험에 대하여 기술하여 주시기 바랍니다.

3-1. 고객을 상대한 경험과, 본인이 생각하는 고객의 정의에 대해 기술해 주십시오.

3-2. 고객을 만족시키기 위하여 어떤 노력을 기울였습니까? 구체적으로 기술하여 주십시오.

3-3. 고객을 상대하거나 고객만족을 위한 활동을 통해서 본인이 습득한 교훈은 무엇입니까?

4. 지금까지 살아오면서 기존의 제도나 시스템을 지속적으로 개선함으로써, 본인이 속한 조직에 새로운 변화를 적극적으로 주도하여, 조직의 성과를 향상시켰던 경험에 대하여 기술하여 주시기 바랍니다.

4-1. 기존의 제도나 시스템을 개선한 경험과, 그러한 개선과 새로운 변화가 필요했던 이유에 대해 기술해 주십시오.

4-2. 변화를 주도하면서 본인에게 처한 어려움과 장애는 무엇이었으며, 어떻게 극복하였습니까?

4-3. 변화의 결과는 어떻게 나타났으며, 이러한 경험을 통해 습득한 교훈은 무엇입니까?

LG생명과학 LG생명과학

자기소개서
• 입사이전의 경력사항과 직무 경험에 대해 자세히 기술하시기 바람

니다.
- LG생명과학에 지원하게 된 동기와 지원 직무에 대해 준비한 내용을 기술하시오.
- 당사 입사 이후 본인의 향후 계획과 포부를 기술하시오.
- 본인만의 경쟁력(경험, Skill, 지식)에 대하여 기술하시고, LG생명과학에 어떻게 기여할 수 있을지를 자세히 기술하시오.

역량기술서
- 꿈과 열정을 가지고 이루고자 하는 목표에 도전하였던 경험을 쓰시오.
- 고객을 최우선으로 생각하여 성과를 이룬 자신만의 방법과 경험을 쓰시오.
- 주인의식을 가지고 도전하여 창의적으로 성공을 이끌었던 경험을 쓰시오.
- 남들과 다르게 원칙과 기준에 따라 행동하였던 경험과, 이를 통해 느낀 점을 쓰시오.

이런 기업의 자기소개서는 '자소서'가 아니라 '자소설'이라 불린다. 그만큼 작업량도 많고 시간도 오래 걸리기 때문에 자칫 집중력을 잃어 작성을 포기하는 경우가 나오기도 한다. 역량 기술의 작성법에 대해서는 Start 4에서 보다 구체적으로 다루게 될 것이다.

마지막으로 항목 중에 작성하기 까다로운 항목이 한두 개씩 존재하는 구성이 있다. 다른 항목은 쉽게 풀어갈 수 있지만 이 한두 개 때문에 골머리를 앓는다.

- 귀하의 대학생활이 타인과 차별화 되는 이유를 지성인으로서의 가치관 형성/사회인식/학업 이외의 활동/미래에 대한 준비 차원에서 기술하십시오.

- 지금까지 살아오면서 타문화를 이해하고 수용하는 능력을 키우는 데 가장 도움이 되었던 경험을 골라 구체적인 상황, 자신의 행동, 결과 등을 기술해 주십시오.

- 본인을 잘 설명할 수 있는 카피나 슬로건을 만들어 보고, 그 이유를 간단히 기술해 주세요.

- 지금까지 살아오면서 본인의 행복이 타인에게 불행이 되거나, 혹은 그 반내의 경우에 대해 이야기해 보시기 바랍니다. 또한 그 시점에 귀하는 어떤 행동을 하여 타인과의 관계 회복 및 귀하 자신의 어려움을 극복하였습니까?

물론 개인차가 있겠지만 위와 같은 항목들이 대표적으로 까다로운 사례이다. 더 많은 샘플을 보여주고 싶지만 앞으로 갈 길이 많이 남았기에 이쯤에서 마무리하겠다. 또 지금까지 본 항목들에 대한 작성법도 궁금하겠지만 우리는 지금 인재상에 맞추는 방법을 알아보는 중이니까 일단은 여기에 집중하기 바란다. 기본적인 항목과 까다로운 항목의 작성법은 필자가 주제별로 한데 묶어서 더 상세하게 설명할 것이다.

기업의 인재상을 파악하라

여러 항목 구성을 갖춘 자기소개서를 충분히 이해했고 여러분이 지원할 기업의 자기소개서 항목도 챙겨 놓았을 것으로 믿겠다. 그림, 다음 단계로 각 기업의 인재상을 파악해보도록 하자.

신세계 백화점 / 이마트

도덕인: 정직함과 성실함을 기본으로 상하좌우에 대한 예의범절을 갖춘 사람.

실천인: 긍정적이고 적극적인 사고를 바탕으로 자신의 역할을 명확히 인식하며 신속하고 꾸준한 행동력을 갖춘 사람.

전문인: 변화를 인지하고 대응하며 조직을 리드할 수 있도록 지속적인 자기계발을 통해 자신만의 경쟁력을 갖춘 사람.

도전: 실패를 두려워하지 않으며 신념과 의지를 가지고 적극적으로
　　　업무를 추진함.
창의: 항상 새로운 시각에서 문제를 바라보며 창의적인 사고와 행동
　　　을 실무에 적용함.
열정: 믿음을 바탕으로 회사/고객을 위해 업무를 주도적으로 수행하
　　　며 본인이 끝까지 책임짐.
협력: 타조직을 존중하며 시너지 제고를 위해 타조직과 방향성을 공
　　　유하고 타인들과 적극적으로 협동함.
글로벌 마인드: 글로벌 상황에 대한 통찰력을 비탕으로 글로벌 네트
　　　워크를 활용하여 전문성을 개발.

Integrity: 도덕적 의무를 다하는 인재.
Frontier: 세계를 무대로 힘차게 나아가는 인재.
Innovation: 미래를 예측하고 변화를 주도하는 인재.
Teamwork: 책임을 다하고 협력하여 공통의 목표를 달성하는 인재.

세계인: 글로벌 역량(글로벌 시대를 이끌어 나갈 수 있는 국제 감각, 비즈
　　　니스 매너, 어학 및 IT 등 커뮤니케이션 능력).
　　　개방성(열린 사고와 행동으로 다양성과 차이를 존중하고 배려함으
　　　로써 신뢰 관계를 형성하는 자질).
창조인: 도전 정신(최고가 되기 위해 스스로 높은 수준의 목표를 추구하고
　　　어떠한 난관에도 굴하지 않는 의지와 열정).

창의력(현상과 문제를 새로운 관점에서 바라보고 분석하고 통합하여 독창적인 대안과 해결책을 제시하는 능력).
실행인: 전문 역량(자기 분야에 대한 전문적인 기술 및 노하우, 폭넓은 안목과 식견).
직업 의식(건전한 사고와 윤리의식을 갖추고 기본과 원칙에 충실하며, 자기의 일에 긍지와 자부심을 가지고 주어진 과업을 끝까지 책임짐).

한화 갤러리아 the Galleria

신뢰의 한화인: 고객 사랑을 실현하는 생활인.
세계일류로 나아가는 전문인.
열린 사고로 함께 뛰는 혁신인.

금호아시아나 금호아시아나

집념의 세계인: 끈기와 지혜로 세계에 도전하는 금호 아시아나인.
직업에 대한 윤리 의식.
맡은 직무에 대한 책임 의식.

이쯤에서 자주 나오는 질문 하나. 기업의 인재상에는 비슷한 내용들이 많은데 그렇다면 하나의 이야기로 서로 다른 기업의 인재상에 접근할 수 있지 않을까? 정답은 절대 'No'다. 해답은 바로 기업의 인재상에서 찾을 수 있다.

신세계 백화점/이마트의 '실천인'이라는 인재상이 있다. 그리고 포스코에는 '실행인'이라는 비슷한 느낌의 인재상이 존재한다. 언뜻 보면 비슷하게 보일 수 있지만 각 기업들은 인재상을 그냥 알려주는 것이 아니라 실제로 그 인재상을 아주 친절하게 풀이해놓고 있다. 신세계가 말하는 '실천인'은 '긍정적이고 적극적인 사고를 바탕으로 자신의 역할을 명확히 인식하며 신속하고 꾸준한 행동력을 갖춘 사람'이다. 반면 포스코의 '실행인'은 '전문 역량'과 '직업의식'에 초점을 맞추고 있다. 자기소개서 접근법이 다를 수밖에 없다.

또 포스코는 '글로벌 역량'과 '개방성'을 갖춘 '세계인'이라는 인재상을 내세우고 있는데 '끈기와 지혜로 세계에 도전하는 세계인'을 내세우고 있는 금호 아시아나와는 그 풀이가 완전히 다르다. 신세계가 말하는 '전문인'은 한화가 말하는 '전문인'이 아니며 삼성 엔지니어링의 '혁신Innovation'도 다른 기업이 말하는 혁신과는 차이가 있다. 따라서 인재상을 파악할 때에는 해당 기업이 말하고자 하는 뜻을 완벽하게 이해해야만 그 기업이 원하는 인재상을 갖춘 사람이 될 수 있는 것이다.

인재상이야 모든 기업들이 갖추고 있는 것이기 때문에 필자가 일일이 샘플을 만들지는 않겠다. 각 기업의 홈페이지를 방문하여 채용 페이지를 확인하면 쉽게 그 기업의 인재상을 확인할 수 있다. 또 최근에는 자기소개서 항목과 인재상을 깔끔하게 정리해놓은 취업 포털 사이트나 카페 등도 많이 늘고 있는 추세이다. 이러한 모든 변화가 기업의 자기소개서 항목과 인재상이 그만큼 중요해지고 있다는 것을 보여주는 것이리라.

나만의 에피소드를 구성하라

　기업의 자기소개서 작성 항목과 인재상을 분석한 것에서도 알수 있듯이 최근 대기업의 자기소개서는 구체적인 이야깃거리를 포함시킬 수밖에 없도록 구성되어 있다. 이러한 이야깃거리를 필자는 '에피소드'라고 부른다.

　그럼 지금부터 여러분들만의 에피소드를 구성하는 방법을 알아보도록 하자. 일단 개략적인 에피소드 구성을 통하여 인재상에 맞추는 방법을 이해한 후에 바로 이어서 구체적인 에피소드 작성법과 포장법을 알아볼 테니까 순서에 따라주기 바란다.

　기업의 자기소개서 항목을 기본적인 구성부터 역량 기술서와 까다로운 항목까지 두루 검토해보았다. 불론 작성해야 하는 내용에 미묘한 차이는 있을 수 있지만 대략적으로 본다면 에피소드를 다음과 같이 분류해볼 수 있을 것이다.

기업의 인사 담당자들은 에피소드를 좋아한다. 그들은 지원자가 겪은 작은 경험을 입사 후에 큰 조직으로 옮길 수 있다고 믿는다. 즉, 한번 해본 사람이 똑같은 것을 또 할 수 있다고 강력하게 믿는 것이다. 지원자의 입장에서 본다면 그들을 설득하기 위하여 자신의 주장에 대한 확실한 증거를 댈 수 있는 것이 바로 에피소드이다. 예를 들어서 기업이 내세우고 있는 창의나 도전과 같은 인재상에 어울리는 창의적이고 도적적인 인재라는 주장을 하고 있는데 에피소드가 없다면 어떠한 증거도 댈 수 없다. 에피소드를 통해서만 이러 이러한 경험이 있고 또 어떠한 과정을 거쳤기 때문에 나는 충분히 창의적이고 도전적이라고 말할 수 있는 것이다.

하지만 자기소개서의 모든 내용을 인재상에만 맞추어야 하는 것도 아니고 맞출 수 있는 것도 아니다. 기업이나 직종에 어울리는 적성, 자질, 능력, 지식 정도 등에도 맞추어야 하고 또 이런 것들을 벗어난 항목에도 적절하게 대응해야만 한다. 성공 혹은 실패한 경험이라던가 갈등을 해결했던 경험, 정직하게 일했던 경험 등 기업이 원하는 구체적인 항목에 맞추기 위해서는 아무래도 다양한 에피소드를 준비해야 할 것이다.

필자는 최소한 5개의 에피소드를 준비할 것을 적극적으로 권한다. 물론 많으면 많을수록 좋다. 하지만 필자가 지금까지 여러 대학교에서 구직자들을 만나본 결과 그 이상을 요구하는 것은 지나칠 수 있다는 결론을 내렸다. 따라서 바로 앞에서 필자가 구성한 에피소드 분류처럼 학교생활, 기타 활동, 인턴십, 사회 경험, 기타로 나누어서 각각 하나 이상씩 에피소드를 준비하기 바란다.

준비된 에피소드가 없다면 지금이라도 부족한 에피소드를 채울수 있도록 하자. 어떤 지원자는 학교 생활에만 에피소드가 치중되어있을 수도 있다. 하지만 자기소개서 항목의 구성에서도 확인했다시피 동일한 분류의 에피소드를 다른 항목에서 다시 묻지는 않는다. 따라서 에피소드 분류에서 다소 취약하거나 없는 부분이 있다면 지금이라도 그 부분을 채워줄 수 있는 경험을 해야만 한다. 방학 기간을 활용하여 봉사 활동에 전념하거나 필요한 자격증을 취득하거나 공모전에 도전해보거나 하는 등의 노력이 반드시 필요할 것이다.

연결하라

자, 이제 인재상에 맞추기 위한 모든 분석은 끝났다. 지금까지 분석한 모든 정보를 모아서 본격적으로 인재상에 맞춘 자기소개서를 구성해보도록 하자. 신세계 백화점을 예로 들어보겠다. 해당 기업의 자기소개서 항목과 인재상은 다음과 같다.

신세계 백화점 /이마트 자기소개서 항목

- 성장과정(자신에 대한 소개).
- 지원동기 및 포부.
- 성격상의 장단점.
- 살아오면서 중요했던 일.
- 직장 생활에서 예상되는 어려움.

그런데 무작정 1:1 대입으로 항목과 인재상을 맞추는 것은 아니다. 자기소개서의 항목 중에는 인재상에 맞추기 쉬운 항목들이 정해져 있다. 일반적으로는 성장과정(혹은 자기소개, 인생관 등)과 장점이 인재상을 맞추기 가장 수월한데 항목의 특성상 본인의 자랑이나 강점, 경쟁력 등을 마음껏 풀어 놓을 수 있는 항목이기 때문이다. 그밖의 항목은 선택적으로 에피소드를 맞춰갈 수 있다. 단점의 경우에는 단점을 말하고 보완점을 설명하기에도 공간이 부족하다. 또한 단점이므로 자랑으로 내세울 수 있는 내용이 아니라는 점에서 인재상을 맞추기가 어렵다. 동기와 포부 역시 그 기업에 지원한 이유 혹은 그 직종을 선택한 이유를 설명하고 앞으로의 계획을 알리는 데도 주어진 공간이 벅차다. 일단 제외하는 것이 현명한 선택이다.

그래서 필자는 항목 중에서 지원동기 및 포부와 성격상의 단점을 제외한 나머지 항목을 다음과 같이 구성하였다. 에피소드는 전체적인 자기소개서의 구성을 인재상에 맞추는 방법을 여러분들에게 알기 쉽게 설명하기 위하여 필자가 임의로 만들었음을 밝혀둔다.

항 목	성장과정(자신에 대한 소개)
인재상	도덕인
에피소드	동아리 리더 활동

도덕인이라는 인재상은 정직함과 성실함을 기본으로 상하좌우
에 대한 예의범절을 갖춘 사람을 말한다. 따라서 정직과 성실을 기
본으로 동아리 일원들을 관리하고 선배에 대한 예의를 갖추는 한편
후배들이 잘못했을 경우에는 엄하게 꾸짖는 리더였다는 에피소드로
도덕인이라는 인재상에 대한 충분한 증거를 제시하였다.

항 목	성격상의 장점
인재상	실천인
에피소드	공모전 참가 경험

실천인은 긍정적이고 적극적인 사고를 바탕으로 자신의 역할을
명확히 인식하며 신속하고 꾸준한 행동력을 갖춘 사람을 말하는데
이 인재상은 공모전 참가 경험 에피소드로 접근해보았다. 공모전은
누구나 한번쯤 참가해볼 생각은 하고 있지만 막상 실천으로 옮겨서
참가하는 학생 수가 아주 많은 편은 아니라는 점에서 적절한 에피소
드가 될 수 있을 것이다. 인재상의 키워드를 활용하여 공모전에 적
극적으로 참여하였고 팀 내에서 자신이 맡은 역할을 성공적으로 수
행하였다는 식으로 내용을 풀었다. 물론 공모전의 결과가 좋다면 더

할 나위 없이 좋은 에피소드가 될 수 있겠지만 설령 수상을 하지 못한 결과라고 할지라도 구체적인 활동을 설명하여 충분히 인재상에 맞추어 갈 수 있을 것이다.

항 목	살아오면서 중요했던 일
인재상	전문인
에피소드	어학 연수 경험

살아오면서 중요했던 일은 사실 덤으로 주는 항목이라고 보아도 좋다. 자신이 지금까지 살아오면서 중요했던 일은 그 어떤 내용이라도 상관이 없기 때문이다. 따라서 이런 스타일의 항목 즉 어떤 에피소드를 활용해도 접근이 가능한 항목은 반드시 챙겨서 인재상에 맞춰주는 센스를 발휘해야 한다. 일단 위의 항목에서 도덕인과 실천인을 다 맞추었기 때문에 여기에서는 전문인이라는 인재상을 맞춰보자.

전문인에서는 변화 인지와 지속적인 자기계발을 통한 경쟁력이라는 키워드에 십중하였다. 그래서 어학 연수를 다녀온 경험으로 접근해보았다. 해외라는 장소를 끌어들여서 변화를 인지하고 적절하게 대응했다는 증거를 제시하였고 영어 구사 능력을 길렀다는 내용으로는 자기계발을 통하여 경쟁력을 갖추었다는 것을 강조하였다. 이렇게 하니까 기업의 3가지 인재상을 모두 커버하는 자기소개서를 구성할 수 있게 되었다.

일단 기업의 인재상은 모두 맞추었는데 직장 생활에서 예상되는 어려움이라는 항목이 아직 남아 있다. 이 항목도 살아오면서 중요했던 일과 비슷하게 에피소드 선택의 폭이 비교적 넓은 항목에 속한다. 따라서 그 동안 서비스 관련 아르바이트를 했던 경험을 전문인이라는 인재상에 맞게 다시 한 번 접근해보았다.

항 목	직장 생활에서 예상되는 어려움
인재상	전문인
에피소드	서비스 관련 아르바이트 경험

아직 이렇다 할 경험이 없는 신입의 입장이라서 고객 서비스가 중요한 신세계 이마트에서 근무하는 것이 어려움이 될 수는 있지만 그 동안의 서비스 관련 아르바이트를 통하여 배운 기본적인 자질이 충분한 나만의 경쟁력이 될 것이라는 식의 접근이다. 전문인이라는 인재상에 대한 추가적인 접근으로 확인 사살을 하는 것이다. 어떤가? 생각보다 쉽지 않은가?

그럼 조금 더 복잡한 항목과 인재상으로 한 번만 더 연습해보자.

GS칼텍스 GS칼텍스 자기소개서 항목

- 성장과정 및 학창시절에 대해서 작성해 주십시오.
- 지금까지 해오던 방식에서 벗어나 새로운 관점에서 일을 추진했던 경험에 대해서 작성해 주십시오.
- 새로운 환경이나 조직에 들어가서 갈등을 겪었던 경험과 이를 성공적으로 극복했던 사례에 대해서 작성해 주십시오.
- 가장 성취감을 느꼈던 일은 무엇이었습니까? 그 일을 시작하게 된

동기와 달성하기 위해 어떤 노력을 기울였는지 작성해 주십시오.
- 본인이 GS칼텍스에 꼭 입사해야 하는 이유와 지원 직무를 위해 했던 노력, 그리고 GS칼텍스에 입사해서 이루고 싶은 목표에 대해 작성해 주십시오.

GS칼텍스 ⚡GS칼텍스 인재상

조직가치: 신뢰를 바탕으로 한 탁월, 유연, 도전.
에너지 리더십: 비전제시, 전략적 사고, 변화 주도, 실행력.

GS칼텍스는 항목 자체도 신세계보다 복잡하지만 인재상도 조직가치와 에너지 리더십으로 나뉘어 있어서 자기소개서를 맞추는 것이 까다롭게 보인다. 기업측의 설명에 따르면 조직가치는 회사의 모든 경영활동을 비롯하여 구성원들이 업무활동과 일상생활에 있어 준거가 되는 기본적인 가치이며, 에너지 리더십은 조직가치를 바탕으로 한 인재상을 보다 구체화한 것으로 구성원들이 각자의 위치에서 발휘해야 할 필수 역량이다.

그럼 적절한 에피소드를 골라서 항목과 인재상을 하나씩 맞춰보도록 하자. 신세계에서도 그랬지만 에피소드는 대부분의 여러분들이 쉽게 갖출 수 있을 만한 수준의 것들을 활용하겠다. 그래야지만 여러분들의 에피소드로도 기업의 인재상에 충분히 맞는 자기소개서를 구성할 수 있다는 것을 필자가 증명해낼 수 있을 테니까 말이다.

항 목	성장과정 및 학창시절에 대해서 작성해 주십시오.
인재상	신뢰
에피소드	봉사 활동 경험

우선 성장과정 및 학창시절은 봉사 활동 에피소드를 통하여 신뢰에 맞추기로 하였다. 학점관리, 아르바이트 등으로 바쁜 상황이었지만 봉사 활동에 적극적으로 참여하였고 자신이 맡은 책임을 다하는 한편 개인적인 사정으로 참여하지 않은 다른 일원들의 몫까지 성실히 수행하여 신뢰를 주었다는 식의 접근이다.

항 목	지금까지 해오던 방식에서 벗어나 새로운 관점에서 일을 추진했던 경험에 대해서 작성해 주십시오.
인재상	전략적 사고
에피소드	학과 프로젝트 활동

이 항목부터는 에피소드를 풀어가는 과정이 조금 복잡해진다. 왜냐하면 이전까지는 항목들이 비교적 심플하였기 때문에 대놓고 인재상에만 맞추면 되었지만 이런 항목은 요구사항 자체가 복잡하기 때문에 항목과 인재상을 동시에 맞출 수 있도록 에피소드를 구성해야만 한다. 필자는 학과 프로젝트 활동을 에피소드로 골라서 전략적 사고라는 인재상에 맞추었다. 하지만 지금까지 해오던 방식에서 벗어나 새로운 관점에서 일을 추진했던 경험도 함께 어필해야만 항목의 요구도 동시에 맞출 수 있다. 따라서 지금까지 선배들이나 다

48

른 팀들이 해왔던 일반적인 방식에서 벗어난 새로운 프로젝트 주제를 제안하여 좋은 결과를 이뤄낸 이야기를 통하여 모든 요구사항을 만족시킬 수 있도록 하였다. 그 과정에서 전략적인 사고를 키웠다는 내용도 추가해서 말이다.

항 목	새로운 환경이나 조직에 들어가서 갈등을 겪었던 경험과 이를 성공적으로 극복했던 사례에 대해서 작성해 주십시오.
인재상	변화 주도, 실행력, 비전제시
에피소드	학생회 총무 활동

이 항목도 다소 까다롭기 때문에 어떤 인재상과 맞출 수 있을지 고민한 끝에 학생회 총무 활동 에피소드를 통하여 변화 주도, 실행력, 비전제시를 한꺼번에 어필해보기로 하였다. 에피소드를 어떻게 풀어가냐에 따라서 여러 인재상을 동시에 맞출 수도 있다. 학생회 총무를 맡게 되었는데 조직 개편이 필요한 상황이었다. 하지만 1~2년만 활동하면 되니까 귀찮게 이런 일을 맡고 싶지 않아서 아무도 선뜻 나서지 않는 상황에서 본인이 의견을 제시하였다. 당연히 기존 일원들과의 길등이 생겼시만 그늘을 설득하고 변화를 주도하는 실행력을 보여주었고 학생회에 대한 미래 비전을 제시하였다는 식의 접근이다. 꽤 그럴듯하지 않은가?

항 목	가장 성취감을 느꼈던 일은 무엇이었습니까? 그 일을 시작하게 된 동기와 달성하기 위해 어떤 노력을 기울였는지 작성해 주십시오.
인재상	도전
에피소드	교환학생 경험

마지막 항목은 성취감과 달성이라는 키워드에서 힌트를 얻어 도전이라는 인재상에 맞추어보았다. 교환학생에 신청했다가 탈락하고 난 뒤 부족한 부분을 다시 준비하고 도진하여 통과했다는 에피소드이다. 교환학생에 재도전한 이유는 영어 능력 향상과 글로벌 경험을 위한 도전이라는 식으로 어필할 수 있겠다. GS칼텍스에 꼭 입사해야 하는 이유에 대한 항목은 동기 및 포부의 느낌이므로 굳이 인재상을 맞추지 않았다.

에피소드 작성하기

STEP 1 » 고정관념을 버려라

STEP 2 » 에피소드를 다양하게 구성하라

STEP 3 » Impact를 고려하라

STEP 4 » 구라와 포장 사이에서 고민하지 마라

STEP 5 » 올리고 Ι 내리고 법칙을 활용하라

STEP 6 » 소제목, 딜려면 세대로 달아라

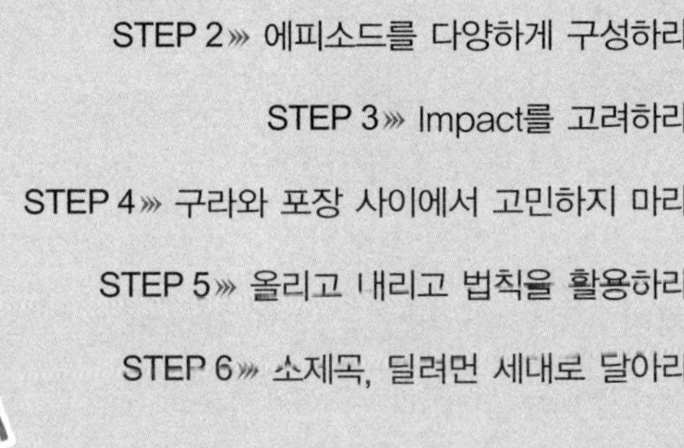

자, 이제 자기소개서를 기업의 인재상에 맞춰서 구성하는 방법은 이해했을 것으로 알겠다. 하지만 항목과 인재상을 적절하게 연결할 수 있는 에피소드가 없다면 어떻게 맞출 수 있는지가 여전히 문제로 남을 것이다. 예를 들어서 신세계에서 요구하는 성격상의 장점을 실천인이라는 인재상과 연결시킬 수 있는 공모전 참가 경험이 없다거나, GS칼텍스의 인재상인 변화 주도, 실행력, 비전제시에 맞출 수 있는 학생회 총무 활동 경험이 본인에게 없다면 어떻게 인재상에 맞출 수 있을까?

비단 인재상뿐만이 아니다. 자기소개서는 인재상에도 맞추는 한편 자신이 지원하는 직종에서 필요로 하는 적성, 자질, 능력, 지식도 어필해야 하며 큰 그림으로는 기업이 가지고 있는 문화, 철학, 비전 등에도 그럴싸하게 접근해야만 한다. 또 구체적이고 까다로운 항목도 만족시켜 줄 필요가 있다. 그래서 인재상으로 연습할 때도 에피소드를 먼저 구성하지 않고 자기소개서 항목과 인재상을 먼저 파악한 것이다. 자기소개서가 '자신의 이야기'를 작성하는 문서임은 맞지만 '기업이 원하는 자신의 이야기'를 작성하는 것이기 때문에 기업을 먼저 고려하고 분석하는 것이 옳다. 기업이 원하는 이야기는 워낙 많으므로 이제부터 이것을 '기업 정보'라고 통칭하겠다.

지금부터 에피소드를 작성하는 방법에 대해서 아주 상세하게 알아볼 것이다. 다시 한 번 말하지만 에피소드는 서로 다른 성격으로 5개 이상을 갖추는 것이 유리하다. 인재상 맞추기에서도 느꼈겠지만 항목이 복잡하고 맞추어야 하는 인재상이 많은 경우에는 2~3개의 에피소드로 턱도 없다. 따라서 충분한 시간을 갖고 에피소드를 고르는 작업을 먼저 거치기 바란다.

하지만 필자는 무조건적으로 부족한 에피소드를 채우라고만 하지는 않을 것이다. 왜냐하면 이 책을 접하는 대부분의 여러분들은 지금 시점에서 새로운 에피소드를 만들어낼 시간적인 여유가 없기 때문이다. 따라서 현재 여러분들이 가지고 있는 에피소드를 적절하게 포장하고 다듬어서 기업의 항목, 인재상, 직종, 분야, 회사 등에 가장 자연스럽게 맞출 수 있는 방법을 알아볼 것이다.

고정관념을 버려라

만약 여러분들이 에피소드를 먼저 작성한 이후에 기업 정보와 연결하려고 시도했다면 우리가 연습한 것과 같은 좋은 결론을 얻지는 못했을 것이다. 그 이유는 바로 자기소개서를 작성하면서 자연스럽게 생겨난 여러분들의 고정관념 때문이다.

보통 여러분들은 공채 시즌에 대비할 때 가장 기본이 되는 자기소개서 데이터를 준비해놓는다. 일반적인 항목이나 주제별로 자기소개서를 준비한 이후에 여러 기업의 항목에 맞춰서 그것을 적용하게 되는데 이러한 습관 때문에 최초 만들어놓은 에피소드 구성에 새로운 변화를 주기 어려워지는 것이다. 그림으로 쉽게 설명해보겠다.

에 피 소 드   결 론

위의 그림처럼 여러분들이 만든 에피소드는 항상 어떤 결론을
동반한다. 더군다나 우리는 지금 자기소개서를 작성하는 것이므로
결론을 생각하지 않을 수 없다. 결론은 주장이고 에피소드는 그 주
장에 대한 증거가 되기 때문이다. 만약에 여러분들이 에피소드를 5개
가지고 있다면 다음과 같이 준비해놓았을 것이다.

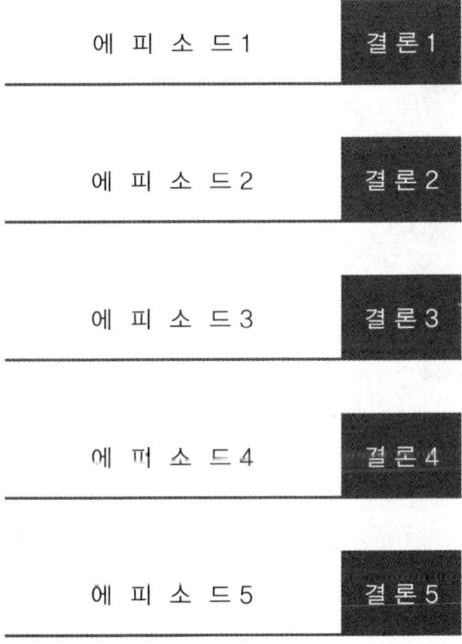

하지만 이렇게 에피소드에 꼬리처럼 붙어 있는 결론 때문에 우
리는 응용력을 발휘하지 못하고 기업과의 연결 고리를 만들지 못한

다. 에피소드 1에서는 반드시 결론 1만 도출되어야 하는 것은 아니기 때문이다. 여러분들은 최초에 만들어놓은 에피소드 구성을 확정된 구성으로 생각하는 경향이 짙기 때문에 에피소드 1과 결론 2 혹은 결론 3, 4, 5를 연결시키려는 노력을 하지 못한다.

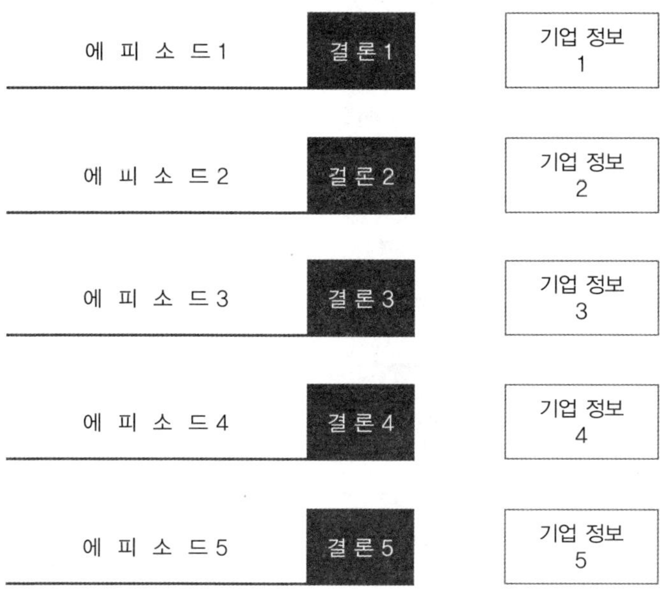

　이렇게 구성한 상태에서 인재상, 적성, 자질, 능력, 지식, 문화, 철학, 비전 등의 기업 정보와 연결하게 되면 전체적인 구성은 더욱 어려워질 수 밖에 없다. 앞에서 우리가 여러 기업의 항목을 분석한 것에서도 알 수 있듯이 모든 기업의 항목이 다르고 요구하는 내용이 다르기 때문에 '에피소드 1 + 결론 1 + 기업 정보 1'의 조합이 잘 먹히는 경우도 있고 그렇지 않는 경우도 생기는 것이다. B라는 기업에는 '에피소드 2+결론 4+기업 정보 1'의 구성이 더 좋을 수도 있고, C라는 기업에는 '에피소드 5+결론 3+기업 정보 2'의 구성이 더 확실한 메시지를 전달할 수 있기도 한 것이다. 결과적으로 자신이 구성한 가장 기본이 되는 데이터는 말 그대로 데이터이지 그때 구성한 에피소드와 결론의 조합이 모든 기업에 그대로 적용될 수는 없다는 것을 알 수 있다.

만약에 여러분들이 가지고 있는 각각의 에피소드가 정말로 최고의 내용이라서 어떤 결론과 기업 정보와 연결해도 아주 경쟁력 있게 어필할 수 있다면 아무렇게나 구성해도 좋을 것이다. 하지만 각 항목이 요구하는 내용이 다르고 각 에피소드의 성격 자체가 다르기 때문에 어떤 최고의 내용이 있다고 하더라도 모든 결론과 기업 정보와 연결 지을 수 없다. 사실 그 만큼의 에피소드를 5개 정도가 가지고 있기도 힘들다. 따라서 최고의 에피소드를 찾는 것도 중요하지만 에피소드, 결론, 기업 정보를 연결시키는 최적의 구성을 찾는 것이 자기소개서 작성에서는 더 중요하다.

즉, 최적의 조합을 찾아내는 작업이 필요하다는 소린데 최적의 조합이란 한두 번의 심플한 작업으로 찾아낼 수 있는 것은 아닐 터. 에피소드, 결론, 기업 정보를 연결시키는 여러 가지 구성을 만들어 봐야지만 해당 기업에 가장 최적인 조합을 찾아낼 수 있는 것이다. 여러분들 앞에 주어진 문제는 어려워 보이지만 해결 방법은 의외로 간단하다. 고정 관념에서 벗어나서 에피소드와 결론을 분리해버리면 된다.

에 피 소 드 1

결 론 1

에 피 소 드 2

결 론 2

에 피 소 드 3

결 론 3

에 피 소 드 4

결 론 4

에 피 소 드 5

결 론 5

그리고 미리 챙겨둔 기업의 정보를 가져와서 가장 적절하게 풀어갈 수 있는 에피소드와 연결하면 되는 것이다.

에 피 소 드 1　　결 론 2　　기업 정보 5

에 피 소 드 5　　결 론 1　　기업 정보 2

에 피 소 드 2　　결 론 3　　기업 정보 1

　　나름대로 심사숙고하여 최적의 조합을 찾아내기는 했는데 이 시점에서 여러분들은 두 번째 고정 관념에 빠지게 된다. 바로 그 최적의 조합을 다른 기업에도 그대로 적용하는 것이다. 여러분들이 A라는 기업을 위해 찾아낸 최적의 조합은 그 기업에만 최적인 것이지 다른 기업에도 최적이라는 뜻은 결코 아니기 때문이다. 정리하자면 하나의 기업에 어울리는 최적의 조합을 찾기 위해서 여러 구성을 시도해보는 작업을 거쳐야 하며 기업이 달라지면 또 그 기업에 맞는 최적의 조합을 처음부터 다시 찾아야 하는 것이다.

에피소드를 다양하게 구성하라

그럼, 구체적인 샘플을 통하여 좀더 자세히 살펴보자.

에피소드	결 론	기업 정보
어학 연수	도전	도전이라는 인재상
판매 아르바이트	고객 경험	서비스 업계(지원 회사)
공모전	성공	성공한 경험을 요구하는 자기소개서 항목

한 지원자가 어학 연수, 판매 아르바이트, 공모전 참가의 에피소드를 갖추고 있다. 그리고 인재상, 지원 회사의 업계, 성공한 경험을 요구하는 항목의 기업 정보에 맞춰서 도전, 고객 경험, 성공이라는 결론을 도출하여 자연스럽게 맞추었다. 하지만 지원 기업이 바뀌면

맞추어야 하는 기업의 정보가 당연히 바뀌므로 다음과 같은 새로운
결론을 도출해야만 할 것이다.

에피소드	결　론	기업 정보
어학 연수	설득	남을 설득한 경험을 요구하는 자기소개서 항목
판매 아르바이트	고객 경험	영업이라는 직종(지원 회사)
공모전	창의	창의라는 인재상

　어학 연수, 판매 아르바이트, 공모전이라는 에피소드는 바꾸지
않은 채 남을 설득한 경험을 요구하는 항목에 맞춰서 설득을, 지원
직종에 맞춰서 대인 관계를, 인재상에 맞춰서 창의를 도출해냈다.
이것이 바로 고정관념을 깬 에피소드 구성법인 것이다.
　하지만 동일한 어학 연수라는 에피소드로 어떻게 도전에도 맞추
고 설득에도 맞출 수 있는지 궁금할 것이다. 다른 에피소드도 마찬
가지이고. 그래서 하나의 에피소드로 다른 결론을 도출하여 서로 다
른 기업 정보에 맞출 수 있는 방법을 설명해보겠다.

백화점 여성복 매장에서 판매 아르바이트를 하였습니다. 판매 아르바
이트를 통하여 여러 고객들을 만나면서 고객 서비스를 경험할 수 있
었습니다.

　위의 샘플에서 '백화점 여성복 매장에서 판매 아르바이트를 한
경험'은 에피소드이고 '여러 고객들을 만나면서 고객 서비스를 경험

했다'는 것은 결론이다. 우리가 일반적으로 구성하는 수준의 에피소드이다. 이것을 도전이라는 기업의 인재상에 맞춰보도록 하자. 일단 먼저 잡혀 있는 결론을 떼어내고 에피소드만 남겨둔다.

백화점 여성복 매장에서 판매 아르바이트를 하였습니다.

그리고 도전이라는 인재상에 맞출 수 있는 새로운 결론을 도출하는 것이다.

백화점 여성복 매장에서 판매 아르바이트를 경험하는 등의 도전적인 생활을 해왔습니다.

만약에 책임감이라는 인재상에 맞추어야 한다면

백화점 여성복 매장에서 판매 아르바이트를 하면서 책임감 있게 일을 처리한 경험이 있습니다.

라는 식의 새로운 구성을 만들어내는 것이다. 비단 인재상뿐만이 아니다.

백화점 여성복 매장에서 판매 아르바이트를 하면서 여러 고객들을 상대하여 대인관계 및 의사소통, 문제해결 능력을 길렀습니다.

위와 같은 새로운 결론으로 영업이나 마케팅 직종에도 자연스럽게 어필할 수 있는 것이다. 어학 연수도 영어 능력과 국제적인 마인드에만 쓸 수 있는 에피소드가 아니다. 어학 연수를 통하여 새로운 환경에 도전했다는 결론으로 도전이라는 인재상에 맞출 수도 있고 어학 연수 도중 활동했던 클럽의 경험을 바탕으로 설득이라는 인재상에도 충분히 접근할 수 있다. 같은 맥락으로 팀 프로젝트에서는 우리가 흔히 생각하는 협동심이나 리더십뿐만이 아니라 창의, 혁신 등 다양한 결론을 이끌어낼 수 있다.

결국 여러분들이 가지고 있는 에피소드에서는 어떤 결론도 도출할 수 있는 것이다. 에피소드는 생생하게 살아 있는 상태로 유지한 채 기업 정보를 먼저 분석하여 방향을 잡는다. 그리고 하나의 에피소드로 한 개의 결론만을 도출한다는 생각에서 벗어난다면 기업의 인재상, 직종, 업계, 항목 등 어떤 기업의 정보에도 어울리는 구성을 만들어낼 수 있을 것이다.

Impact를 고려하라

지금까지 알아본 내용을 종합해보면 에피소드 구성을 통하여 누구든지 자기소개서를 기업 정보에 맞출 수 있다는 결론을 얻을 수 있다. 즉 누구라도 기업에 어울리는 사람처럼 보일 수는 있다는 뜻이 된다. 그렇다면 과연 서류 전형의 당락은 어떻게 결정되는 것일까?

Start 1에서도 잠깐 언급했다시피 서류 전형의 당락을 결정짓는 것은 바로 에피소드의 질이다. 에피소드 구성은 최고의 에피소드가 없어도 최적의 조합으로 맞춰가는 방법이다. 따라서 최적의 조합을 만들고 있는 에피소드의 질이 높으면 높을수록 읽는 사람을 더 효과적으로 설득시킬 수 있다. 자신의 주장에 대한 더 명확한 증거를 제시할 수 있으니까 말이다.

　　따라서 여러분들이 가지고 있는 에피소드 자체가 그저 그런 수준이라면 아무리 좋은 방향으로 뽑는다고 하여도 힘이 떨어질 가능성이 높다. 지금 이 시점에서 이러한 고민을 없애기 위해서 대학 시절 동안에 다양한 경험을 하라고 하는 것이다. 물론 대학이 취업을 위해 공부하고 활동하는 장소는 아니다. 하지만 다양한 경험과 활동을 통하여 자신의 진로를 발견하게 될 수도 있고 그렇게 된다면 그 경험은 그야말로 아주 소중한 에피소드가 될 수 있다는 점에서 경험은 중요하다. 서로 다른 에피소드를 5가지 이상 뽑을 수 있다면 이 시점에서 한 번쯤 자신을 칭찬해 주어도 좋을 것이다. 열심히 살아왔다는 증거가 될 테니까. 하지만 지금 와서 이런 얘기를 해서 무엇하겠는가? 에피소드가 부족하거나 미흡하다고 해도 지금으로써는 별다른 방도가 없다. 과거로 돌아갈 수도 없고 그냥 현재 본인이 가지고 있는 에피소드를 활용할 수밖에 없다.

　　우선 에피소드의 impact를 고려하도록 하자. 에피소드가 각 항목이나 전체적인 자기소개서에 미치는 영향력에 집중하자는 것이다. 빌써부터 샘플을 들이대면 골치가 아플 수 있으니까 일단은 구성 위주로 알아보도록 하자.

- Impact가 떨어지는 에피소드

- 개별적으로 경험한 일: 등산, 마라톤, 수영, 독서 등.
- 친구와 함께 경험한 일: 여행, 운동 등.
- 규모가 작은 그룹 내에서 경험한 일.

위와 같은 주제를 바탕으로 작성하는 에피소드는 아무래도 impact가 떨어질 수밖에 없다. 회사는 함께 일하는 조직이기 때문에 충분한 증거를 대기 위해서는 가능하면 많은 일원들과 함께 활동했던 경험을 활용하는 것이 유리할 것이다. 혼자서 생각하고 고민하고 수행했던 일은 다른 사람들과의 갈등이나 마찰이 있을 수 없다. 창의적인 생각을 했어도 혼자서 결정할 수 있는 일이고 변화나 혁신 역시 혼자서 판단하면 된다. 비슷한 이유로 친구와 둘이서 경험했던 일 역시 impact가 떨어지는 것은 마찬가지이다.

- 기숙사에서 룸메이트와 설거지 문제로 갈등을 겪은 적이 있습니다.
- 귀사의 해외 법인에 근무하는 친척형이 귀사를 구경시켜준다고 부른 적이 있습니다.
- 초등학교 때 학생회장과 중고등학교 때 반장의 경험을 통해서 리더십을 기를 수 있었습니다.
- 군에서 행정병으로 근무하며 문서를 작성하는 방법을 배웠습니다. 특히 중대장님과 행보관님을 도와서 열심히 일하였습니다.
- 축구 동아리 회장으로 2년간 활동했습니다. 너도 나도 골키퍼를 맡기 싫어했을 때 제가 솔선수범하여 골키퍼를 맡았습니다.

혹시 여러분들은 위의 샘플처럼 impact가 떨어지는 에피소드를 챙겨놓지는 않았는가? 핵심 문장만을 정리한 것이기는 하지만 충분한 impact를 줄 수 없다는 것을 파악할 수 있다. 주위 친구들이나 친지들이 인정해준 자신의 모습이나 성격, 능력, 자질은 주장에 대한 힘 있는 증거가 되기 어렵다. 아르바이트 역시 조금 더 큰 조직에서 경험해본 에피소드로 대체하는 것이 유리하다. 종교적인 이야기나 대학교 이전의 활동 내용 역시 현재 자신이 어떤 사람이라는 것을 명확하게 알려줄 수 있는 에피소드는 아니다.

남학생들은 군대 에피소드를 자주 활용하는데, 군대 이야기는 작성하지 않는 것이 좋다. 실제로 맥킨지나 SK와 같은 기업의 자기소개서 항목을 보면 가급적 군대 이야기를 작성하지 말 것을 요구하고 있는 것을 볼 수 있다.

군대는 자발적으로 가는 곳이 아니다. 강제성이 부여된 상황에서 대한민국 남성이라면 누구나 다 경험하는 것이기 때문에 에피소드의 희소성이 당연히 떨어질 수밖에 없다. 정해진 규율에 의해서 반강제적으로 움직이고 생각하는 곳에서 아무리 창조적이고 생산적인 일을 했다고 하더라도 그것은 사회에서 해봤던 어떤 경험보다도 더 나은 가치를 보여주기 힘들다.

군대 이야기를 바탕으로 성실함, 리더십, 대인관계 등을 내세우는 경우들이 많은데 쓰는 사람은 자랑스럽게 쓸지 모르겠지만 읽는 사람의 입장에서 본다면 정말로 활용할 에피소드가 없다는 결론밖에 내릴 수 없다. 그만큼 준비되지 않는 사람이라는 약점을 고스란히 노출시키는 것이다.

물론 장교나 부사관 출신이라면 엄격함, 상명하복의 정신, 충성심, 인원관리, 위기대처 능력 등 많은 것을 전달할 수 있다. 일반 병사 출신들도 가능할 수 있기는 하다. 예를 들어서 자동차 공학을 전공하였는데 군에 가서도 차량 정비 등의 업무를 하게 되는 운 좋은 경우도 있을 수 있고, 카투사 출신의 경우에는 영어 능력을 키웠다는 근거로 활용해볼 수도 있다. 하지만 에피소드의 핵심이 되는 내용이라기 보다는 큰 에피소드에 조금 더 힘을 실어줄 수 있는 보태기 정도로 활용하는 것이 좋겠다. 이렇게 한다면 항목의 주 내용이 되는 에피소드부터 소소한 이야기 거리까지 모두 해당 항목이 원하는 내용에 맞출 수 있는 전략을 세울 수 있다는 장점도 얻을 수 있을 것이다.

그렇다면 어떤 에피소드가 충분한 impact를 줄 수 있을까?

> – Impact가 충분한 에피소드
>
> • 큰 조직에서 경험한 일: 인턴십, 기타 업무 경험 등.
> • 학교 내에서 경험한 일: 프로젝트, 연구실, 공모전, 세미나, 학회,
>   학생회 등.
> • 해외에서 경험한 일: 어학 연수, 해외 여행, working holiday 등.
> • 기타: 비교적 큰 규모의 행사에서 수행한 봉사 활동 등.

역시 큰 조직에서 경험했던 일이 가장 효과적이다. 공통의 목표를 이루기 위하여 다른 일원들과 함께 일하고 갈등하고 고민하고 노력하는 것을 경험할 수 있다. 이런 과정을 통하여 조직의 일원이 되기 위한 준비를 할 수 있는 것이다. 또한 현재 여러분은 아직까지 학생의 신분이거나 가장 최근까지 학생의 신분이었다. 따라서 학교와 관련된 프로젝트, 연구실, 공모전, 세미나, 학회, 학생회 등의 활동이 괜찮은 impact를 전달해줄 수 있다. 해외 경험도 큰 힘을 준다. 물론 최근에는 많은 학생들이 경험하는 부분이기는 하지만 항목이 원하는 방향이나 기업 정보에 살 맞출 수 있다면 충분한 impact를 전달할 수 있다.

가능하면 다름 사람들이 해보지 않은 일, 내가 해본 일 중에서 가장 독특하고 개성 있었던 일, 나라는 사람을 가장 잘 전달할 수 있는 일을 에피소드로 선택하여 충분한 impact를 전달할 수 있도록 하자.

구라와 포장 사이에서 고민하지 마라

본격적으로 에피소드 포장법을 설명하기 이전에 한 가지 확실하게 해둘 것이 있다. 바로 구라와 포장 사이에서 여러분들이 혼란스러워하지 않았으면 좋겠다는 것이다. 기본적인 fact를 기업 정보에 맞게 적절하게 바꿔보자는 것이지 없는 이야기를 지어서 fact 자체를 변형시키자는 목적이 아니다. 그것은 거짓말이다. 필자는 '구라'라는 말로 바꾸어 보았다.

아무튼 자신의 이야기를 포장하는 데 다소 불쾌감이나 거부감을 가지고 있는 학생들이 꽤 있는데 자신을 기만하자는 것이 아니라 기업이 원하는 대로 맞춰주자는 의도가 더 강하다. 또 최근 대기업의 자기소개서 항목은 순수한 에피소드를 그대로 활용해서는 대응이 어렵게 구성되어 있다는 점도 간과해서는 안 된다. 우리의 1차 목표는 서류 전형 합격이 아니던가? 다양한 샘플을 통하여 에피소드를 포장하는 방법을 알아보자.

어학 연수 당시에 기숙사에서 외국인 룸메이트와 설거지 문제로 갈등을 겪은 적이 있습니다. 저는 ○○를 제안하여 룸메이트와 갈등을 해결할 수 있었습니다. 마침 그 친구는 기숙사에서 일하고 있었는데 그 친구가 저의 아이디어를 기숙사 측에 제안하였고 지금까지도 저의 방법을 기숙사를 운영하는데 활용하고 있습니다.

핵심 문장만으로도 설명이 가능하므로 여러분들의 이해를 돕기 위하여 에피소드는 가능한 심플하게 유지하였다. 위에 작성된 샘플은 적절한 포장 없이 곧이곧대로 내용을 작성하였기 때문에 impact가 부족한 에피소드가 되고 말았다. 따라서 에피소드의 기본적인 fact는 그대로 살린 채 적절하게 포장하여 다음과 같이 수정해보았다.

어학 연수 당시에 기숙사에서 외국인 룸메이트와 설거지 문제로 갈등을 겪은 적이 있습니다. 당시 기숙사에서는 설거지 문제로 인한 룸메이트간 불협화음으로 기숙사 전체 질서가 무너지는 상황이었고 오랫동인 이 문제를 해결할 방법을 찾고 있었습니다. 이러한 정보를 들은 저는 ○○를 제안하여 룸메이트와 갈등을 해결할 수 있었을 뿐만 아니라 기숙사의 원활한 운영에도 큰 도움을 주었습니다. 그 학교는 지금까지도 저의 방법을 기숙사를 운영하는데 활용하고 있습니다.

이 포장법은 fact에다가 추가적인 이야기를 얹어서 fact의 배경을 확대시키는 방법이다.

'룸메이트와 설거지 문제로 갈등을 겪었고 내가 그것을 해결하였으며 기숙사는 여전히 그 방법을 활용하고 있다'는 fact는 그대로 유지했다. 다만 자신이 처했던 상황이나 문제가 생각보다 더 컸다는 것과 문제를 해결한 결과 역시 생각보다 큰 가치가 있다는 것을 포장하였다. 이 에피소드는 단순하게 나와 룸메이트 간의 문제, 즉 impact가 떨어지는 에피소드로 끝날 수 있었지만 기숙사라는 더 큰 조직을 끌어들여서 집단에서의 문제로 발전시켰다. 갈등 해결이나 문제 해결, 창의, 도전 등 다양한 접근으로 충분히 활용이 가능한 수준이 되었다.

두 번째 샘플은 항목의 요구에 맞게 에피소드의 상황을 변형시키는 포장법이다.

청소년의 사회성을 기르기 위한 목적으로 열린 청소년 여름 캠프에서 보조 교사로 활동하였습니다. 저는 레크리에이션 중에서 아침 체조를 보조하였는데 원래 율동에 자신이 없던 저는 지인들에게 율동을 배워서 청소년들에게 좋은 레크리에이션 프로그램을 제공할 수 있었습니다.

이 샘플은 지원자가 성실과 책임감이라는 인재상에 대입한 에피소드이다. 그런데 그저 주어진 일만을 해냈을 뿐이기 때문에 남들보다 더 성실하거나 책임감이 강하다는 방향으로 이끌기에는 무리가 따른다. 예를 들어서 지원자가 캠프에 참가하기 전에 사고를 당해서 몸이 불편한 상황에서 위와 같은 임무를 수행하였다면 그건 좀 말이 된다. 어려운 상황에서도 주어진 임무를 끝까지 완료했다는 식으로 접근할 수 있을 것이다. 하지만 지원자가 작성한 수준은 어떤 누구라도 해낼 수 있는 정도이기 때문에 이렇다 할 감흥을 주기 어렵다. 원래 율동에 자신이 없었다는 것만으로는 부족하다. 그래서 상황을 조금 변형시켜서 다음과 같이 포장하였다.

청소년의 사회성을 기르기 위한 목적으로 열린 청소년 여름 캠프에서 보조 교사로 활동하였습니다. 저는 레크리에이션을 보조하였는데 아무래도 기본적인 프로그램 만으로는 짧은 기간 내에 학생들의 사회성을 기르는 것이 어렵다고 생각하였고 서로에 대한 친밀감을 높일 수 있는 아침 체조를 제안하였습니다. 원래 율동에 자신이 없던 저는 지인들에게 율동을 배워서 청소년들에게 좋은 레크리에이션 프로그램을 제공할 수 있었습니다. 특히 자연스러운 스킨십을 유도할 수 있는 동작을 많이 활용하였기 때문에 학생들이 서로에게 마음을 여는 데 아주 큰 도움이 되었습니다.

이렇게 하니까 성실하다는 것과 책임감이 강하다는 것을 보다 확실하게 전달할 수 있게 되었다. 이 지원자는 사회성을 기른다는 것에 착안하여 자연스러운 스킨십을 유도할 수 있는 아침 체조를 고안했다고 내용을 포장했는데 이 부분은 창의성을 발휘한 경험에도 적용할 수 있어서 다른 기업의 자기소개서 항목에도 활용할 수 있게 되었다. 또 열정을 보인 경험이나 성공한 경험 등의 항목에도 대응이 가능한 정도로 수정되었기 때문에 오히려 어떤 항목에 적용하는 것이 더 좋은지를 고민하기까지 하였다.

마지막 샘플은 에피소드를 현재 본인의 상황에 맞게 포장하는 경우이다.

유럽 여행시에 귀사의 해외 법인에 근무하는 친척 형이 귀사를 구경시켜준다고 부른 적이 있습니다. 돈을 주고도 볼 수 없을 정도의 굉장한 광경이었습니다.

이 지원자는 유럽 여행 당시에는 지금 귀사라고 부르는 회사에 지원할 뜻이 없었다. 그저 해외 법인에 근무하는 친척 형이 불러서 회사를 구경했을 뿐이다. 지금에 와서야 지원자는 이 회사를 지원하려고 마음먹었고 그때의 경험을 활용하기로 결정하였지만 포장이 덜 되어서 어떤 항목에도 활용하기가 쉽지 않았다. 그래서 다음과 같이 포장해보았다.

유럽 여행시에 귀사의 해외 법인에 근무하는 친척 형을 떠올렸고 곧장 전화로 연락하였습니다. 바쁜 일정과 보안 문제 등으로 어렵다는 친척 형을 조르고 졸라서 일반인에게 공개될 수 있는 만큼이라도 귀사를 구경해보고 싶다고 부탁하였습니다. 돈을 주고도 볼 수 없을 정도의 굉장한 광경이었습니다. 또한 귀사에 입사하고자 하는 저의 열정을 다시 한 번 확인할 수 있는 경험이었습니다.

에피소드를 현재 본인이 지원하는 상황에 확실하게 도움이 되도록 포장하였다. 나는 별 뜻이 없었는데 친척 형이 불러서 회사 구경을 시켜주었다는 내용에는 본인의 관심이나 열정이 전혀 보이지 않는다. 따라서 이 부분을 자신이 먼저 주도했다는 내용으로 포장하여 확실한 관심을 표현하였다. 그리고 이러한 경험을 통하여 지원 회사에서 일하고 싶은 마음이 더 커졌다는 식으로 마무리하여 동기 항목에 어울리는 에피소드를 만들어냈다.

단, 위와 같은 포장법을 활용할 때 에피소드의 기본이 되는 fact는 건드리지 말아야 한다. Fact를 건드리는 것은 거짓으로 자기소개서를 작성하는 것이기 때문에 오히려 더 어색한 에피소드가 탄생될 가능성이 높다. 또 읽는 사람이 쉽게 확인하지 못할 만한 부분을 위주로 포장을 해야 한다는 것도 잊어서는 안 되겠다. 기숙사의 설거지나 청소년 캠프의 체조는 원래 있던 에피소드를 적절하게 포장한 것이므로 나중에 거짓으로 밝혀질 염려가 없다. 친척 형 에피소드는 더욱이 나의 마음이 그러했다는 것을 포장한 것이므로 누구도 사실 여부를 알아챌 수 없다.

에피소드가 충분한 impact를 전달해주지 못하는 상황이거나 순수한 에피소드만으로 항목을 만족시키기 어렵다면 확실하게 위와 같은 포장법이 잘 먹힐 것이다. 하지만 에피소드의 impact도 괜찮은 편이고 항목도 어느 정도는 만족시키고 있는데 뭔가 추가적인 포장이 필요하다고 생각하면 다음과 같은 포장법을 활용해 보도록 하자.

올리고 내리고 법칙을 활용하라

지금부터 필자가 만든 올리고 내리고 법칙을 공개하겠다. 물론 위에서 설명한 포장법도 필자가 스스로 고안해낸 것이지만 지금 설명하는 법칙은 '올리고 내리고'라는 재미있는 이름을 생각해낸 필자가 기특하여 더 애정을 가지고 있는 법칙이다. 장담컨대 자기소개서 작성에서 아주 유용하게 활용할 수 있을 것이다. 또 앞으로 이어지는 주제별 항목과 까다로운 항목 작성법에서 간간이 활용하게 될 것이므로 지금 확실하게 개념을 잡아두도록 하자.

자기소개서에 작성하는 에피소드에는 그 가치를 올릴 수 있는 내용과 내릴 수 있는 내용이 있다. 대부분의 여러분들이 잘 모르고 있을 것이다. 우선 올릴 수 있는 내용을 살펴보자.

노력과 결과는 확실하게 올려주는 것이 좋다. 기업의 자기소개서를 보면 '열심히 하였다, 최선을 다하였다, 많은 경험을 하였다' 등의 애매한 단어와 문장을 작성하지 말라고 요구하는 경우도 있다. 어떻게 열심히 했고, 어떻게 최선을 다했으며 어떤 많은 경험을 하였는지 알려주라는 것이다.

열심히 최선을 다하였습니다.

매일 3시간씩만 자고 나머지 시간에는 아르바이트와 프로젝트 수행에 집중하였습니다.

이처럼 구체적인 문장을 만들어야 한다. 자신의 노력을 올리는 것이다.

결과도 중요하다.

공모전에서 좋은 결과를 이루었습니다.

공모전에서 우수상을 수상하였습니다.

　　그냥 좋은 결과를 이루었다는 것보다는 우수상이라는 확실한 결과의 증거를 포함시키는 것이 훨씬 impact가 크다.

공모전에서 우수상을 수상하였습니다.

50개 팀이 참여했던 공모전에서 2등에 해당하는 우수상을 수상하였습니다.

　　이것을 더 구체화하여 전달한다면 우수상이 얼마나 큰 가치인가를 부각시킬 수 있어서 지원자에게 훨씬 유리한 정보가 될 것이다.

축제 중 푸드 페스티벌에 150여 명이 참석하는 결과를 이루어냈습니다.

축제 중 푸드 페스티벌에 150여 명이 참석하는 결과를 이루어냈는데 이는 지난 해 참석자인 50명의 3배에 달하는 숫자입니다.

　　푸드 페스티벌에서 150여 명이 참석하는 결과를 이루어냈다는 것은 구체적인 정보처럼 보일지 모르나 명확한 기준을 제시하지 못했기 때문에 자신의 업적이 얼마나 뛰어난 것인지를 알려주지 못한다. 따라서 자신이 이루어낸 결과가 지난해보다 3배 정도 뛰어난 업적이라는 것을 비교하여 알려주는 방식으로 올려줄 수 있는 내용을 확실하게 올려줄 수 있다.

　　본인의 역할을 올려주는 것도 impact를 확실하게 끌어올릴 수 있는 방법이 된다.

아르바이트를 할 때에 같은 팀에 계시던 대리님이 설악산 야간 등산을 권유하였습니다. 저의 체력적, 정신적 한계를 시험해보라고 하셨고 저도 그것이 좋은 생각인 것 같아서 동의하였습니다. 야간 등산 전문가인 대리님께서 필요한 정보와 연습 방법 등을 꼼꼼하게 챙겨주셨고 그것을 잘 따라서 야간 등산을 무사히 마칠 수 있었습니다.

⬇

아르바이트를 할 때에 같은 팀에 계시던 대리님이 설악산 야간 등산을 권유하였습니다. 저 역시 저의 체력적, 정신적 한계를 시험해볼 도전을 찾고 있었기 때문에 적극적으로 동의하였습니다. 이후에 등산에 필요한 정보들을 스스로 찾았고 동네 뒷산에서 매일 연습하였습니다. 또한 부족한 부분은 대리님의 조언을 얻어서 완벽한 준비를 마쳤습니다. 그 결과 야간 등산을 무사히 마칠 수 있었습니다.

　　역할을 올리기 전 에피소드에 나라는 주체는 없다. 권유도 대리님이 했고 정보와 방법도 대리님이 알려준 것이고 나는 그냥 수동적으로 따랐을 뿐이다. 하지만 심플하게 주체를 나로 바꾸어주는 것만으로 내가 생각했고 준비했고 자발적으로 도전했다는 내용의 impact가 충분한 에피소드로 바꿀 수 있다. 이처럼 올릴 수 있는 내용은 확실하게 쭉쭉 끌어올려라.

　　자, 그럼 지금까지 올린 내용을 그림으로 한번 정리하면서 내리고 법칙이 어떻게 적용되는지 알아보자.

기준점	Impact 90
	Impact 80
	Impact 70
	:
	Impact 0

올리고 법칙을 활용해서 impact를 70에서 90까지 끌어올렸다고 치자. 기업이 기대하는 impact의 최고 수준인 100까지는 10이 더 남아 있지만 더 이상 올릴 수 있는 내용이 없을 수 있다. 공모전에서 우수상을 수상했다는 것을 최우수상으로 바꿀 수도 없고 축제 중 푸드 페스티벌에 150여 명이 참석했다는 것을 250명으로 불릴 수도 없다. 또 에피소드의 특성상 올릴 수 있는 내용에 한계가 있거나 포장이 어려운 경우도 있을 수 있다. 바로 이때 내리고 법칙을 활용할 수 있다. 에피소드가 만들어진 기준점을 내릴 수 있는 만큼 내려서 자연스럽게 나의 impact가 올라갈 수 있게 만드는 것이다. 이것이 바로 내리고 법칙의 핵심이다.

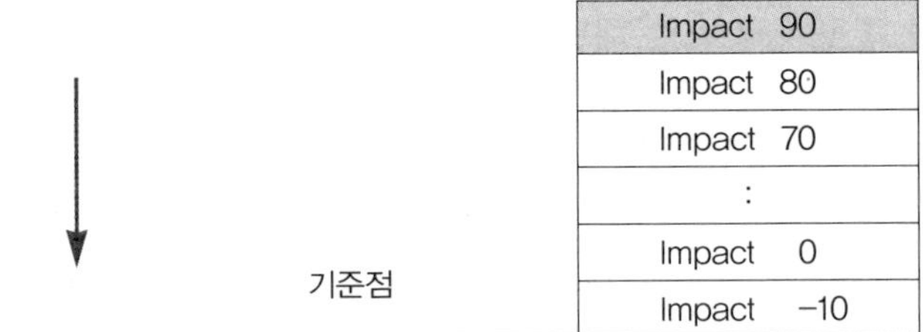

기준점을 10 내리면 −10에서 에피소드가 시작된다. 따라서 현재 나의 impact는 수치상 90이지만 10이 내려간 만큼 더해져서 결국

100이 만들어지는 것이다. 올릴 수 있는 부분이 없어서 impact 70을 유지하고 있다면 100을 만들기 위해서 기준점을 −30으로 내려야만 한다. 그렇다면 어떤 내용을 내릴 수 있는 것일까?

> − 내릴 수 있는 내용
>
> • 상황: 주어진 상황 자체를 최악으로 만들면 만들수록 나의 가치는 더 높아짐
> • 갈등: 다른 사람의 실수나 태도에 더 많은 문제를 만들어 나의 역할 극대화

에피소드가 시작되는 기준점에서 내릴 수 있는 부분은 에피소드의 상황과 갈등으로 나눌 수 있는데 공통점은 다른 사람들의 행동이나 생각 등을 내린다는 것이다. 그렇다고 남 탓을 하면서 내가 잘났다고 말한다는 것은 절대 아니다. 내가 일을 수행하고 문제를 해결하고 경험했던 상황 자체가 정말로 힘들었다는 것을 알리고 갈등도 킸다는 것을 통하여 impact를 끌어올리자는 것이다.

멤버들과 서로 협력하면서 프로젝트를 시간 내에 완료할 수 있었습니다.

모든 멤버들이 아르바이트와 자격증 취득 등으로 바빴기 때문에 리더인 제가 조금 더 많은 과제를 담당하였고 서로 협력하면서 프로젝트를 시간 내에 완료할 수 있었습니다.

프로젝트를 수행했어도 그냥 멤버들과 협력하면서 완료했다는 식의 접근은 상당히 밋밋하다. 모든 멤버들이 바쁜 상황에서 리더인 자신이 더 많은 희생을 감수하면서 프로젝트를 수행했다는 식으로 내릴 수 있는 내용을 내려주면 자신의 가치를 올릴 수 있다.

연극 동아리의 회장으로 공연을 성공적으로 마쳤습니다.

지난 수년간 공연 실패로 존폐 위기에 놓인 연극 동아리의 회장을 맡았습니다. 설상가상으로 선후배 간의 의견 충돌로 다들 동아리를 탈퇴하겠다는 상황이 되었습니다. 하지만 공연을 성공적으로 마쳤습니다.

마찬가지의 컨셉이다. 자신이 회장을 맡을 당시에 연극 동아리는 최악의 상황이었다. 존폐 위기에 놓여 있었고 선후배들 간의 갈등도 있었다. 내릴 수 있는 내용을 최대한으로 내려서 기준점을 마이너스로 만든 후에 공연을 성공적으로 마쳤다는 결과까지 오게 되면 내린 만큼의 효과를 충분히 볼 수 있다. 여기에다가 공연의 결과를 '올리고 법칙'을 활용하여 더 올려주게 된다면 impact는 상당히 커지게 될 것이다. 남들도 다 할 수 있는 일을 했다는 것과 남들이 꺼리거나 하기 힘들어하는 일을 했다는 것은 전혀 다른 이야기가 된다. 최상의 상황에서 주어진 일을 완료했다는 것과 온갖 장애물 속에서도 주어진 일을 잘 마무리했다는 것은 느낌 자체가 다르다.

사실 내릴 수 있는 내용의 대부분은 여러분들이 그 에피소드의 상황이나 갈등에 집중하지 않기 때문에 세부적으로 작성하지 못하는 경우가 많다. 또한 지나치게 나의 역할이나 결론에만 치중하기 때문에 이런 상황이나 갈등의 이야기를 축약하기도 한다. 하지만 내릴 수 있는 내용은 최대한으로 내리고 올릴 수 있는 내용에 집중하여 에피소드를 구성한다면 기업이 기대하는 impact 100이라는 최고 수준에 아주 근접할 수 있을 것이라고 믿는다.

소제목, 달려면 제대로 달아라

자기소개서는 꼼꼼하게 검토된다는 것을 전제로 우리도 열심히 작성하는 것이기는 하지만 바쁜 인사 담당자들은 가끔 읽는다는 개념보다는 훑어본다는 개념에 가깝게 자기소개서를 검토하기도 한다. 이때 눈에 확 들어오는 소제목이 있다면 인사 담당자들은 거기에서 멈추고 그 항목의 에피소드를 꼼꼼하게 검토할 것이다.

자기소개서에 소제목을 다는 것이 더 좋다는 의견도 있고 그렇지 않다는 의견도 있다. 필자 역시 한쪽 손을 들어주기는 어렵다고 본다. 이유는 소제목은 항목과 에피소드와 3박자가 잘 맞아야만 효과를 볼 수 있기 때문이다. 따라서 소제목을 달려거든 제대로 달고 그렇지 않으려면 달아도 큰 효과를 볼 수 없다. 아니, 오히려 재미도 없고 감동도 없는 소제목은 역효과를 가져오기까지 한다.

필자가 지금까지 가장 많이 보아온 자기소개서의 소제목은

'카르페 디엠carpe diem'

이다. '지금 살고 있는 현재 이 순간에 충실하라'는 뜻의 이 라틴어
는 영화에 나온 대사인데 언젠가부터 여러 블로그, 카페, 메신저 등
에서 자주 쓰이더니 어느 틈엔가 자기소개서의 소제목으로 많이 등
장하기 시작했다. 정말로 식상하기 짝이 없는 소제목이다.

'냉정과 열정 사이'

라는 소설과 영화 제목을 인용한 소제목도 눈에 자주 띄는데 이것도
정말 재미없다. 이 소제목은

'머리는 차갑게 가슴은 뜨겁게' 혹은 '차가운 금융계를 뜨거운 가슴으
로 품을 수 있는 인재'

등으로도 응용되어서 많이 활용되고 있다. 여러분들도 이런 종류의
소제목을 많이 보았을 거라고 생각한다. 이렇게 수많은 지원자들이
지금까지 활용해 왔고 지금도 계속 활용하고 있는 소제목은 그것 하
나만으로도 자기소개서의 질을 떨어뜨리기 충분하다. 진부한 소제
목을 본 인사 담당자들은 지원자가 선택한 에피소드 역시 진부할 것

이라고 생각할 확률이 높기 때문이다.

최근 시판되고 있는 자기소개서 관련 서적이나 취업 관련 포털 사이트에서 자기소개서의 소제목으로 인용이 가능한 고사 성어, 속담, 유명인의 멘트 등을 정리한 내용을 많이 볼 수 있다. 이것들 역시 너무나도 많이 활용되고 있다. 진부함을 벗어날 수 없다는 뜻이다. 에피소드의 질이 좋아도 이런 소제목 때문에 어디선가 읽어본 듯한 찜찜한 기분을 지울 수 없다. 필자가 만났던 한 학생은 꽤 독특한 고사 성어를 활용하고 있었는데 그 고사 성어가 모 기업의 CF에 등장하기 시작하면서 너도 나도 다 활용하게 되었다고 울상을 짓기도 했다.

소제목과 항목, 에피소드가 잘 어울려야 한다고 말했는데, 이런 경우도 있었다. 신세계 백화점 지원자인데 지원동기 및 포부 항목에서 상당히 공격적으로

'롯데의 시대는 가고 신세계의 시대가 온다'

라는 소제목을 활용하였다. 최대 경쟁사와 지원 회사를 분석하고 그것을 자신의 동기와 포부에 맞춘 뭔가 그럴싸한 내용을 기대했건만 정작 지원자가 작성했던 내용은 그저 그런 일반적인 이야기들뿐이었다. 그럼, 이런 소제목을 왜 활용했단 말인가? 잔뜩 기대하고 읽던 사람의 입장에서는 기운이 빠질 수밖에 없다.

‘최고의 인재’, ‘글로벌 마인드를 갖춘 지원자’

라는 소제목을 활용하고선 항목 어디에서도 자신의 경쟁력이나 장
점을 제대로 전달하지 못하는 경우도 많다. 소제목은 그냥 혼자서
둥둥 떠다니는 꼴이 되고 만다.

‘노력과 끈기’, ‘성실과 열정’, ‘안되면 되게 하라’, ‘최고를 찾아왔습
니다’

와 같은 일반적이면서도 상투적인 소제목도 갖다 버려라. 기껏 올려
놓은 impact를 단 한 번에 확 떨어뜨릴 수 있다.

자기소개서 작성의 최신 트렌드는 인재상에 맞추는 것이고 우리
는 이미 이것을 다 알아보았다. 따라서 기업의 인재상에 포함된 단
어나 문장을 활용하여 소제목을 만드는 것은 최신 트렌드에 걸맞는
좋은 아이디어가 될 수 있을 것이다. 혹은 기업의 비전이나 철학, 슬
로건, CEO 인사말 등을 꼼꼼하게 분석한 이후에 거기에 어울리는
소제목을 직접 만들어서 사용하는 것도 괜찮다.

‘소리 없이 세상을 움직입니다’

라는 슬로건을 가지고 있는 포스코에는

‘소리 없이 세상을 움직이는 사람이 되겠습니다’

라는 소제목을 활용해볼 수 있을 것이다. 롯데 CEO의 신년사 핵심 내용인

'핵심 역량으로 2010년대를 대비하자'

를 인용하여

'다가오는 2010년을 준비할 수 있는 인재'

라는 소제목도 만들어 봄직하다. 그렇게 하면 최소한 너도나도 다 활용하고 있는 소제목과 겹치는 일은 없을 것이다. 더 나아가서 철저하게 기업에 맞춘 느낌도 전달할 수 있고.

또 신입 사원이니까 자신의 위치에 어울리는 소제목도 어필할 수 있을 것이다. 최근 신입 사원들이 근성이나 끈기, 봉사, 희생 정신 등이 떨어진다는 우려의 목소리가 높기 때문에 동기 및 포부 항목에서

'제가 하겠습니다'

등의 소제목을 활용하거나 관련 경험 및 사회 활동 항목에서

'일 제일 많은 부서에서 근무하고 싶습니다'

라는 소제목을 달고 인턴 경험의 에피소드를 곁들이는 것도 좋다.

'가장 기본이 되는 것을 제일 잘 합니다'

와 같은 느낌도 좋고,

'대충할 순 없었습니다'

와 같은 접근도 어필할 수 있다. 또 협력이나 팀워크를 잘 보여줄 수 있는

'하나의 목소리', '내가 아닌 우리', '모두의 노력으로 해냈습니다'

등의 소제목도 항목과 에피소드를 잘 버무릴 수 있겠고, 자기 계발이나 꾸준한 노력 등을 에피소드로 삼을 수 있는

'호기심 불치병'

과 같이 개성 넘치는 소제목도 흥미를 끌기에 충분하다.

이렇게 본다면 소제목은 미리 만들어 놓는 것이 어렵다는 결론을 얻을 수 있다. 그리고 다른 사람의 소제목을 그내로 활용한다는

것도 좋은 생각이 아닐 것이다. 필자가 위에서 알려준 여러 가지 방법들을 사용해도 좋고, 그냥 자신의 에피소드를 가장 잘 전달해줄 수 있는 소제목을 만들어도 좋다. 항목과 에피소드와의 3박자만 잘 기억하고 있으면 여러분들도 에피소드에 도움이 되는 소제목을 충분히 구성할 수 있을 것이다.

주제별 항목의 작성 트렌드와 구체적인 작성법

STEP 1 » 성장과정, 자기소개, 생활신조, 인생관 등

STEP 2 » 장단점

STEP 3 » 사회 활동

STEP 4 » 직무 경험

STEP 5 » 동기 및 포부

모 대학교에서 컨설팅을 진행하다가 자기소개서의 트렌드와 관련된 재미있는 일을 경험한 적이 있다. 전체적인 자기소개서는 잘 작성하였는데 동기 및 포부 항목이 너무 식상해서 필자가 학생에게 어디서 베꼈냐고 따져 물었다. 그 학생이 작성했던 동기 및 포부의 내용은 우리가 너무나도 많이 보아온

'런던의 피카디리 광장에 자리잡은 귀사의 전광판을 보면서 자부심을 느꼈습니다.'

라는 식의 내용이었다. 장소가 런던에서 뉴욕으로 바뀌거나 전광판이 건물로 바뀌어서 상당히 많이 응용되는 식상함의 극치를 달리는 내용이다.

그런데 그 학생은 죽어도 베낀 내용이 아니라며 억울해 했다. 자신은 진짜로 영국 런던에 어학 연수를 갔다가 이러한 광경을 보았고 그렇게 느꼈다고 했다. 그 학생의 말이 진심이라고 필자는 믿는다. 하지만 동기 및 포부에 진심이 담겨 있다고는 생각하지 못하겠다. 이렇게 많은 지원자들이 이미 작성했던, 다시 말하면 철 지난 내용으로 접근했다가는 제대로 된 동기와 포부가 없어서 어디서 베껴왔다는 인상을 지울 수 없기 때문이다. 읽는 사람에게 더 이상의 의미를 주기 어렵다는 뜻이다.

공채 시즌이 되면 얼마나 많은 지원자들이 자기소개서를 작성하겠는가? 한 사람당 한 개씩만 작성하는 것도 아니다. 여러분들은 아

직 학생의 신분이거나 가장 최근까지 학생의 신분이었다. 그 신분에서 해볼 수 있는 최대한의 것들을 해도 남들과 크게 다르지 않다. 물론 가능하면 최고의 내용을 고르고 골라서 에피소드를 작성하는 것이겠지만 경험의 범위 자체에 한계가 있으므로 비슷한 경험이 될 확률이 높다. 안 그래도 비슷하게만 보여지는 자기소개서인데 이미 많은 지원자들이 한두 번씩 사용했던 내용을 그대로 좇아갈 수는 없는 노릇이다.

자기소개서에도 엄연히 트렌드가 존재한다. 앞에서 우리가 알아본 인재상에 자기소개서를 맞추는 것 역시 가장 최신 트렌드 중 하나이다. 에피소드에 impact를 주는 것 역시 복잡한 자기소개서 항목의 변화로 인하여 새롭게 만들어진 방법이다. 즉, 자기소개서의 작성 트렌드는 기업이 그때그때마다 새롭게 만들어가고 있는 것이다. 따라서 기업측에서 알려주는 채용 정보에 눈과 귀를 열어두어야 한다. 그리고 다른 지원자들이 작성한 자기소개서를 많이 읽는 것으로 새로운 트렌드를 좇아가는 감각을 길러야 할 것이다.

자기소개서 작성 트렌드는 패션이나 가요처럼 돌고 돌지는 않을 것이다. 지금까지 그랬던 것처럼 앞으로도 계속해서 발전만 할 것이라고 필자는 믿는다. 그럼, 각 항목별로 지금까지 어떤 트렌드가 존재해왔고 지금은 어떤 트렌드로 작성해야 어필할 수 있는지 알아보도록 하자. 여러분들이 작성한 구체적인 샘플을 곁들여서 아주 친절하게 설명해보겠다.

성장과정, 자기소개, 생활 신조, 인생관 등

성장과정과 자기소개, 생활 신조, 인생관은 기업의 자기소개서 첫 번째 항목으로 가장 많이 등장한다. 먼저 어떤 기업들이 이 항목을 어떻게 활용하고 있는지 살펴보도록 하자.

삼성 SAMSUNG

- 자기소개: 자신이 회사에 필요한 사람임을 보일 수 있도록 자신에 대해 좀더 자세히 적어 주십시오.

GS건설 GS건설

- 자기소개(성장과정, 성격의 장점 및 보완점 등).

현대모비스 인턴 MOBIS

- 자신이 지금까지 살아온 행적을 기술해 주십시오.

현대카드 HyundaiCard

- '자신'에 대해서 기술하시오(성장과정, 성격, 강·약점, 취미, 특기사항 등).

위아 HYUNDAI WIA

- 자신에 대해 자유롭게 표현해 보세요.

신세계 신세계

- 성장과정(자신에 대한 소개).

롯데그룹 LOTTE

- 성장과정(자신의 성장과정과 가족사항 등을 입력하세요).

오리온 ORION

- 본인의 싱장환경과 가치판에 내하여 기술하여 주시기 바랍니다.

- 귀하의 성장과정을 통해 본인을 소개하여 주십시오(가족, 가치관, 학창시절 등).

- 성격 및 생활신조에 대해 기술해 주십시오.

- 성격의 장단점 및 생활신조

- 인생관 및 성장과정.

- 나와 나의 주변은 이렇다.
- 부모소개 및 성장환경
- 학교생활 및 조직생활

정말로 다양한 종류의 항목이 존재한다. 아마 거의 대부분의 기업에서 자기소개서에 포함하고 있는 항목들이 될 것이다.

예전 성장과정이나 자기소개의 트렌드는

'1970년도 강원도 원주에서 태어나….'

라는 식으로 시작하는 내용이었다. 응용되어서

'산 좋고 물 좋은 ○○에서 3남 1녀 중 장남으로 태어난 저는….'

과 같은 내용으로도 많이 활용되었다. 이런 트렌드는 너무 오래되어서 이제는 언급조차 하지 않지만 아직도 아주 가끔 이런 오래된 트렌드를 따르는 추종자들이 있다. 이런 학생들을 만나면 필자는 간첩 신고를 하고 싶어질 정도이다.

심플하게 결론부터 말하자면 성장과정과 자기소개, 생활 신조, 인생관은 항목의 이름은 다르지만 모두 동일한 구성으로 작성이 가능하다. 이것이 최신 트렌드이다. 앞에서 알아본 인재상 맞추기를 응용하는 것인데 성장과정과 자기소개, 생활 신조, 인생관은 인재상을 맞추기가 가장 수월한 항목들 중 하나이기 때문에 일단 자신의 생활 신조나 인생관, 좌우명, 성격 등을 기업의 인재상과 맞춘 후에 내용을 자연스럽게 풀어가면 된다.

성장과정이라고 해서 어린 시절의 이야기를 작성하는 것이 아니다. 자기소개라고 해서 자신을 포함한 가족을 소개하는 것도 아니다. 모든 내용은 대학교 이후의 생활이나 경험에서 뽑아서 구성하면 되는데, 그냥 작성할 경우에는 기업에서 관심 있어 하는 내용이 나오지 않을 확률이 높다. 따라서 인재상에 맞춰서 대학교 이후의 생활이나 경험을 자연스럽게 풀어나가기만 하면 성장과정과 자기소개, 생활 신조, 인생관 등 어떤 항목에도 어울리는 내용을 만들 수 있다.

저는 '항상 긍정적으로'라는 인생관을 가지고 생활해왔습니다. 누구나 살아오면서 적어도 한 번쯤은 힘든 일을 겪지만 저는 어떤 어려움과 시련도 이겨낼 수 있다는 긍정적인 생각으로 살아왔습니다. 제 주위의 친구들이나 친지들 역시 제가 긍정적인 사람이라고 칭찬을 해주곤 합니다. 저는 이러한 긍정적인 마인드를 가지고 업무를 충실히 수행하여 귀사에서 인정받을 수 있는 사원이 되도록 노력하겠습니다.

위 샘플은 인생관에 맞춘 후에 나름대로의 증거를 제시하기는 했지만 앞에서 우리가 알아본 방법에는 어울리지 않기 때문에 좋은 내용은 아니다. 일단 기업의 인재상에 맞춘 인생관이 아니라 너무나도 흔한 '항상 긍정적으로'라는 인생관을 활용하였다. 그리고 친구들이나 친지들을 증거로 내세우고 있기 때문에 impact가 많이 떨어지는 샘플이라고 볼 수 있다. 다음 샘플은 어떤가?

구체적인 계획을 세워서 실행하라
단순하게 목표만을 설정하고 일을 시작하지 않습니다. 항상 구체적인 계획을 세우고 그 계획에 맞춰서 단계별로 일을 실행하며 제가 지금까지 이룩한 것과 이루어야 할 것을 수시로 확인합니다. 이러한 과정을 반복하며 부족한 부분을 보충하여 정해 놓은 목표를 달성할 수 있었습니다. 호주에서의 working holiday 프로그램이나 수 차례의 공모전에서 좋은 결과를 가져올 수 있었던 것도 구체적인 계획을 세워서 실행하는 저의 습관이 바탕이 되었기에 가능했습니다.

'실행'이라는 기업의 인재상에 맞춰서 소제목을 작성하였고 호주 working holiday 프로그램이나 공모전 수상 등의 구체적인 증거를 내세워서 충분한 impact를 주고 있다. 다시 한 번 강조하지만 내용은 가장 최근의 사건을 중심으로 유지하라.

결과적으로 위에서 작성한 내용은 구체적인 계획을 세워서 실행하는 '나에 대한 소개'이자 '대학교 이후의 생활'이며 동시에 '나의 신조'이자 '인생관'이 될 수 있는 것이다. 기업의 자기소개 항목을 보면 성장과정과 자기소개, 생활 신조, 인생관 등을 성격의 장단점 혹은 강약점과 연결시켜 놓은 경우도 있는데, 이런 항목에도 충분히 적용될 수 있다. 구체적인 계획을 세워서 실행하는 것은 '나의 인생관'임과 동시에 '나의 강점'이 되기도 하며 '성격상의 징점'으로 내세울 수도 있기 때문이다.

또 하나의 진부한 내용은 부모님이나 가족을 위주로 성장과정이나 자기소개를 구성하는 경우이다. 이건 언제 누가 작성하기 시작했는지 필자도 정말로 궁금한데 자신에 대한 내용은 쏙 빼먹고 주야장천 부모님이나 가족만을 소개하는 경우이다. 성장과정이라고 하니

까 아무래도 어린 시절의 이야기를 담아야만 한다는 고정관념에 사
로잡히게 되었고 어린 시절에 가장 큰 영향을 주는 인물인 부모님이
나 가족의 이야기가 가장 자연스러울 것이라고 생각들을 했던 모양
이다.

마당발 아버지와 봉사의 어머니

저희 아버지께서는 젊은 시절부터 무역 사업을 하셨습니다. 경제
상황이 바뀔 때마다 힘든 시기도 많았지만 특유의 끈기와 노력으로
항상 어려움을 이겨내셨습니다. 또한 사업의 특성상 여러 분야의 많
은 사람들과 끈끈한 관계를 유지하고 계십니다. 가족이나 친척 중에
서 누군가가 도움이 필요하면 어떤 분야를 막론하고 지인을 한 명씩
소개해줄 수 있을 정도로 마당발이십니다. 어머니께서는 항상 남을
도우라고 가르쳐주셨습니다. 교회 봉사 활동을 시작으로 여러 봉사
단체에서 열심히 활동하시면서 남을 돕는 일에 대한 보람을 몸소 보
여주고 계십니다.

위 샘플의 내용은 100% 아버지와 어머니에게만 초점이 맞춰있
다. 이것이 자신을 소개하거나 자신의 성장과정을 설명하는 내용이
될 수 있겠는가? 내가 주체가 되지 않았기 때문에 impact를 줄 수 없
을뿐더러 내가 누구인지조차 알려줄 수 없다. 그렇다면 철저하게 나
를 주체로 작성한 다음과 같은 샘플은 어떤가?

미리 준비하는 아이

초등학교 시절부터 저는 책가방을 미리 챙기는 습관을 길렀습니다.

필요한 준비물을 잠들기 전 챙겨둔다는 것은 다음 날을 효과적으로 보내기 위한 준비를 모두 마쳤다는 것을 뜻합니다. 다음 날 제출할 숙제와 필요한 도구들을 모두 정리한 후에야 편안한 마음으로 잠자리에 들 수 있었습니다. 아침에 일어나서 급하게 가방을 챙기게 되면 뜻하지 않게 준비물을 빼먹는 일이 발생하기도 하고 그렇게 되면 그 날 수업을 망치게 되기도 합니다. 저는 어린 시절부터 준비성을 습관처럼 지녀왔습니다. 귀사에서도 업무를 미리미리 준비할 수 있는 사원이 되겠습니다.

이것은 옛날 이야기이다. 초등학교 시절부터 책가방을 미리 챙기는 습관이 지금 이 지원자가 전달하는 최대의 강점이고 이를 바탕으로 지원 회사에서 미리미리 준비할 수 있는 사원이 되겠노라고 주장하고 있다. 현재 자신의 이야기가 없기 때문에 이 지원자가 아직까지 준비성을 갖추고 있는지를 알려줄 수 없으므로 설득력이 떨어진다. 이렇게 예전 이야기로 어필하게 되면 충분한 증거를 댈 수 없고 주장도 힘을 잃어서 결과적으로 이 항목 전체를 날려버리게 될 것이다.

그런데 간혹 부모 소개나 가족 사항을 작성하라는 경우가 있다. 항목에서 요구하지 않더라도 자신의 성장과정이나 자기소개에서 부모님의 영향을 반드시 작성하기를 원하는 경우들도 있을 것이다.

끊임없이 발전한다

어린 시절 아버지께서는 저에게 정기적으로 숙제를 내주셨습니다.

한 달에 책 한 권을 읽고 내용을 요약하는 것과 매일 아침 동네를 10분씩 달리는 일이었습니다. 이러한 숙제를 통하여 약속의 중요성과 스스로를 계발하는 것이 얼마나 중요한 것인지를 알려주시려는 의도였습니다. 이러한 습관은 제가 초등학교와 중학교 때 학급 반장으로 맡은 바 임무를 성실히 수행할 수 있게 해 주었고 고등학교 시절에는 전교 부회장으로 급우들에게 믿음을 줄 수 있게 해 주었습니다. 또한 형제자매가 많은 가정에서 자란 덕인지 어려서부터 주위 친구들을 배려하고 양보하는 습관이 길러져 학창 시절 친구들 사이에서 유난히 인기가 많았습니다.

아버지와 자신의 에피소드를 통해서 자신이 얻은 '약속과 자기 계발의 중요성'을 풀이하고 있다. 그런데 내용을 지나치게 예전 것으로만 유지했기 때문에 문제가 발생한다. '초등학교 → 중학교 → 고등학교'로 이어지는 이야기가 모두 대학 이전의 내용들이라서 지금 현재 이 지원자가 어떻게 되었는지 누구도 알 수가 없다. 이렇게 부모님의 영향으로 인한 자질이나 성품 등은 반드시 '지금의 나'와 연결을 시켜야 하는데 이렇게 모든 과정을 거치다가는 2박 3일은 걸릴 것이다. 더군다나 글자 수 제한 등으로 작성할 수 있는 공간이 부족한 이 상황에서 모든 내용을 다 알린다는 것은 현실적으로 불가능하다.

따라서 방법은 십여 년의 세월을 건너뛰는 것이다. 이야기가 초등학교 이전부터 시작한다면 대략 이십여 년의 세월을 건너뛸 수도 있겠다. 요지는 어린 시절 자신에게 영향을 주었던 point를 알린 후에 '초등학교 → 중학교 → 고등학교'로 이어지는 중간 과정을 모두 건너뛰어서 '지금의 나'로 바로 연결하라는 것이다. 그래야만 그것이 지금 나에게 어떤 영향을 주어서 내가 어떤 사람이 되었다는 것을 확실하게 주장할 수 있다. 위의 샘플을 다음과 같이 수정해보았다.

끊임없이 발전한다

어린 시절 아버지께서는 저에게 정기적으로 숙제를 내주셨습니다. 한 달에 책 한 권을 읽고 내용을 요약하는 것과 매일 아침 동네를 10분씩 달리는 일이었습니다. 이러한 숙제를 통하여 약속의 중요성과 스스로를 계발하는 것이 얼마나 중요한 것인지를 알려주시려는 의도였습니다. 성인이 된 이후에는 제 스스로에게 숙제를 내주어 시간 내에 목표를 달성하는 생활을 꾸준하게 지속하고 있습니다. 생산관리는 꾸준한 모니터링과 조절을 통해야 원활한 흐름을 만들 수 있습니다. 어릴 때부터 몸에 베어왔던 성실함과 꾸준함은 생산관리직에 가장 적합하다고 생각합니다.

어떤가? '지금의 나'가 보이는가? 기업에서 보고자 하는 것은 바로 이런 것이다. 현재의 내가 필요하고 중요한 것이지 과거에 그것도 지금으로부터 멀리 있는 과거에 했던 일은 관심이 없다. 이러한 방법을 활용한다면 부모님 이야기로도 충분한 impact를 전달할 수 있을 것이고 내가 누구인지도 설명이 가능할 것이다. 내친김에 살 작성된 샘플을 몇 개만 더 보도록 하자. 지금 알아본 방법을 어떻게 활용하고 있는지 확인하면서 말이다.

유난히도 사이가 좋으신 부모님의 모습은 저에게는 너무나도 당연한 가정의 모습이었습니다. 성인이 된 이후에 화목한 가정에서 자랐다는 것이 매우 큰 축복임을 알게 되었고 그러한 배경은 저를 아주 긍정적인 사람으로 만들어 주었습니다. 또 저의 가족은 매주 가족 회의를 열어서 서로 의견을 나누었는데 이것은 제가 열린 마음으로 다른 사람들의 이야기를 잘 듣고 이해할 수 있는 능력을 갖추는 데 큰 도움이 되었습니다. 부모님께서는 제가 도전하는 것에, 때로는 그것이 조금 위험할지라도 항상 저를 믿고 지지해 주셨는데 그로 인하여 저는 더 큰 책임감과 사명감을 가지고 모든 일에 임할 수 있었습니다.

사이가 좋으신 부모님의 모습은 화목한 가정을 만들었고 그 안에서 매주 가족 회의를 통하여 서로의 의견을 나누었다. 결국 '열린 마음'이라는 자질을 만들었는데 그것은 다른 사람들을 이해하는 능력으로 발전하게 되었다는 과정을 거친다. 초·중·고등학교의 중간 과정을 생략하기는 하였지만 현재의 나로 연결되는 부분이 조금 약하다. 확실한 증거를 제시하면 완성도를 더 높일 수 있었다는 아쉬움이 남는다.

유난히 엄격하셨던 부모님

저의 부모님께서는 제가 어린 시절 친구들에게 사소한 잘못을 저지르는 것조차 용납하지 않으실 정도로 기본적인 예의를 중요하게 여기셨습니다. 그 당시에는 유별나게 엄격하신 부모님을 원망하기도 하였지만 그러한 가르침으로 저는 상대방에 대한 예의를 잘 지키고 항상 남을 먼저 배려하는 사람이 될 수 있었습니다. 지난해 ○○○에서 인턴으로 근무할 당시 다른 부서 인턴의 업무를 적극적으로 도와준 적이 있었습니다. 저의 작은 행동 하나가 다른 인턴들에게 큰 영향을 주었고 그 이후부터 인턴들이 서로를 도우며 일하는 업무 분위기가 조성되기 시작하였습니다. 또한 인턴으로 가져야 할 기본적인 예의를 지키기 위하여 노력한 결과 인턴 수료시 상사들이 뽑은 최고의 인턴 사원으로 선정되기도 하였습니다.

'부모님＋자질＋지금의 나'를 아주 절묘하게 결합한 내용이다. '기본적인 예의 → 상대방에 대한 예의와 배려'로 자연스럽게 연결되었고 중간 과정을 뛰어넘어서 바로 인턴 경험으로 연결된다. 당연히 인턴 경험은 이러한 자질이 '지금의 나'에게 어떤 영향을 주고 있는지를 구체적으로 설명할 수 있는 impact가 충분한 에피소드이다.

인재상이나 부모님 이야기로 구성하지 않을 거라면 적성에 맞추는 방법도 효과적이다.

실제로 예전에는 인사 담당자들이 지원자의 인성을 보기 위해서 그 지원자가 어떤 가정에서 자랐는지 궁금해 했다. 그래서 부모님이나 가족 배경만을 담은 성장과정이나 자기소개가 그런대로 대충 먹히기도 했을 것이다. 하지만 인성이 좋아도 적성이 맞지 않으면 오래도록 같이 일할 수 없다는 것을 깨닫기 시작했고 기업은 적성이라는 새로운 트렌드를 만들어냈다.

어린 시절부터 물건을 파는 것에 흥미를 느꼈습니다. 비록 불법이기는 하였지만 공CD에 인기 있는 게임이나 음악을 복사해서 반 친구들에게 판매하기도 하였고 중고 의류나 교복을 저렴한 가격에 팔기도 하였습니다. 지금 생각해보면 이러한 어린 시절의 경험이 저에게 많은 영향을 주었고 이렇게 귀사의 영업 업무에 지원하게 된 바탕이 된 것 같습니다. 제가 소질이 있고 정말로 하고 싶어했던 일인 만큼 귀사에 입사하게 되면 정말 즐거운 마음으로 행복하게 일하면서 보람을 느낄 수 있을 것 같습니다.

어린 시절부터 물건을 파는 것에 흥미를 느낀 것과 영업 업무에 지원하는 것은 꽤 괜찮은 연결이기는 하다. 하지만 설대로 공감할 수 없는 에피소드를 선택했기 때문에 증거도 주장도 힘을 얻지 못한다. 특히 '불법'이라는 단어나 '반 친구들에게 물건을 판매한 경험'이라는 내용은 긍정적인 이미지를 주는 데 전혀 도움이 되지 않는다. 만약 어린 시절의 에피소드 대신에 대학교 이후의 판매 아르바이트나 기타 관련 경험 등을 묶었다면 좋은 접근이 될 수 있었을 것이다. 딱히 대놓고 내세울 수 있는 관련 경험이 없다면 지식과 연결하는 것도 적성을 알릴 수 있는 좋은 방법이다.

꾸준하게 키워온 수학적인 마인드

저는 어렸을 때부터 수학을 좋아해서 중·고등학교 때는 교내 수학 경시 대회에서 입상하는 등 잘한다는 말을 줄곧 들었습니다. 수학은 다소 딱딱하게 보일 수 있지만 동일한 결론을 얻기 위한 다양한 방법을 시도할 수 있다는 점에서 생각보다는 창의적인 학문입니다. 저 역시 수학을 공부하면서 창의력을 높일 수 있었고 수학을 벗어나서 다른 문제에도 여러 방법을 적용하는 방법을 자연스럽게 익히게

되었습니다. 이러한 수학을 더욱 체계적으로 공부하기 위하여 수학과
를 선택하였고 보험 수학, 보험 계리학, 응용 수학 등 수학을 활용할
수 있는 더 넓은 분야가 있다는 것도 알게 되었습니다.

중·고등학교부터 대학교까지 수학이라는 공통된 주제로 내용
을 묶었고 현재 지원하는 분야에 도움이 될 만한 보험 수학, 보험 계
리학, 응용 수학 등의 과목을 통하여 관련 지식을 알려주고 있다. 대
학교 이전의 내용을 언급하기는 했지만 그때부터 지금까지 일관된
관심 분야인 수학을 바탕으로 적성을 강조하기 위함이므로 전혀 어
색한 구성이 아니다.

이런 내용이 과연 성장과정이나 자기소개가 될 수 있는지 궁금
해하는 지원자들이 많더라. 전혀 상관없다. 위 샘플을 기업들의 다
양한 항목에 적용해볼까?

항 목	적 용
삼 성 • 자기소개. 자신이 회사에 필요한 사람임을 보일 수 있도록 자신에 대해 좀더 자세히 적어주십시오.	나의 지식적인 부문이 내가 회사에 필요한 사람이라는 증거 중 하나가 된다.
신세계 • 성장과정(자기에 대한 소개)	나에 대한 소개 중 적성에 관련된 내용이다.
위 아 • 자신에 대해 자유롭게 표현해 보세요.	나의 적성에 대해서 자유롭게 표현하였다.
현대모비스 • 자신이 지금까지 살아온 행적을 기술해 주십시오.	나의 행적은 수학이라는 학문에 맞춰져 있고 그것이 최대 강점이다.

자기소개나 성장과정에 어린 시절의 이야기를 담아야 한다는 고정 관념을 버려라. 누가 그렇게 하라고 시키던가? 어차피 정답이 정해져 있지 않은 논술 문제이다. 나에게 가장 유리한 내용을 구성하면 그만인 것이다.

얼리어답터이셨던 아버지의 영향으로 어린 시절부터 다양한 가전 제품에 관심을 가지게 되었고 자연스럽게 제품의 회로에 눈을 돌리게 되었습니다. 이후 초등학교, 중학교, 고등학교 시절에 많은 조립대회 및 과학 발명 대회에 참여하면서 꾸준한 관심을 키워왔습니다. 자연스럽게 전자 공학을 전공으로 선택하여 구체적인 지식을 쌓아왔고 교내 반도체 학회 활동을 통하여 진정한 공학도로서의 자질을 갖출 수 있게 되었습니다. 방과 후에는 교수님과 많은 시간을 보냈고 수업 외에는 관련 세미나에 참석하면서 공학에 대한 심도 있는 주제를 경험할 수 있었고 폭넓은 시야를 가지게 되었습니다.

이 샘플은 부모님의 이야기를 꺼내서 어린 시절부터 가전 제품에 관심이 있었다는 것으로 에피소드를 시작하고 있다. 마찬가지로 초등학교, 중학교, 고등학교 이야기를 들먹이기는 하였지만 이것은 부모님의 영향으로 인한 자신의 어린 시절을 말하는 것이 아니라 자신이 주체가 되어서 꾸준하게 적성을 개발하였다는 쪽으로 방향을 맞추고 있다. 그리고 최종적으로 대학교 전공과 관련 활동을 전달하면서 지속적인 관심과 열정을 보여준다. 따라서 앞에서 알아본 부모님을 위주로 한 자기소개와는 다르게 모든 학창 시절의 과정을 담아도 충분한 impact를 전해줄 수 있는 것이다.

전자 통신공학 전공은 완벽한 선택이었다

대학에 입학하여 처음 전자 통신공학을 접했을 때에는 저의 미래를 걸 수 있을 만한 학문인지 확신이 서지 않았습니다. 하지만 전자 통신공학의 유용성과 중요성을 알게 되면서 점차 매력 있는 전공으로 바뀌어갔고 저 역시 공학 전공자로서의 자부심을 가지게 되었습니다. 그 중에서도 ○○○와 같은 훌륭한 통신 회사에서 일할 수 있다는 생각에 더 설레었습니다. 공학 중에서도 전자 통신공학의 중요성은 점차 높아지고 있으며 가까운 미래에는 우주에서의 통신 서비스 기술이 국가 경쟁력을 가늠하는 기준이 될 것입니다. 새로운 통신 기술의 패러다임 전환에서 ○○○가 새로운 통신 시장 재편성과 함께 업계 최고가 될 수 있도록 지금까지 준비해왔습니다. 이제 저의 능력을 펼쳐 보일 시기라고 믿습니다.

조금 응용하여 동기와 포부의 느낌을 함께 담아도 좋다. 역시 전공을 바탕으로 적성에 방향을 맞추었는데 이렇게 처음 등장하는 항목에서부터 자신이 지원하는 기업에 대한 관심을 보여준다면 처음부터 강한 impact를 줄 수 있어서 유리하다. 또한 동기와 포부 항목에서는 보다 구체적인 지원 이유와 입사 후 계획을 담을 수 있어서 자신의 관심을 얼마든지 부각할 수 있다는 이점도 얻을 수 있다.

이제 대충 감을 잡았는지 모르겠다. 고정 관념을 버리고 남들이 다 하는 방식에서 탈피한다면 여러분만의 경쟁력 있는 이야기를 충분히 담을 수 있다. 마지막으로 불안 요소를 오히려 적극적으로 활용하는 케이스를 살펴보도록 하자.

편입: 2년제에서 4년제로 편입한 경우. 편입은 더 좋은 학교로 하는 경우가 대부분이니까 4년제에서 4년제로 한 경우라도 이전 학교의 name value가 떨어지게 된다.

전공: 지원 분야와 전공이 맞지 않는다거나 부전공, 복수 전공의 경우 찜찜하다. 편입과 전공의 경우 불이익을 본다는 것이 100% 확실하지는 않을 수 있지만 그래도 다른 지원자와 비교해서 불안한 요소라는 기분은 떨치기 어렵다.

고시: 각종 고시로 시간을 많이 보낸 경우이다. 대부분은 고시로 1~2년을 보내고 이렇다 할 결과 없이 취업으로 급선회하는 케이스이다. 그 동안 많은 시간을 허비했다는 생각도 있을 수 있고 급하게 취업으로 뛰어들었기 때문에 여러 취업 관련 정보에 밝지 못하다는 약점도 존재한다.

휴학: 이유야 제각각이겠지만 휴학 기간이 너무 긴 것도 좋지 않을 수 있다. 물론 휴학 기간에 내세울 수 있는 활동이나 경험이 있다면 다행이겠지만 계획이 잘못되는 바람에 그냥 휴학을 하는 경우들도 적잖다.

나이: 위의 모든 상황들로 인하여 다른 지원자들보다 나이가 많은 경우이다. 재수도 하고 편입도 하고 휴학도 하면 나이가 꽤 많아지고 불안 요소로 느껴질 수밖에 없다.

이렇게 다양한 이유들로 불안 요소를 가지고 있는 지원자들이 많다. 하지만 과거로 돌아갈 수는 없다. 그리고 이러한 불안 요소들은 감추고 싶어도 이력서나 자기소개서에 다 보인다. 만약 서류에서 보이지 않더라도 면접에 가면 어쩔 수 없이 노출해야 하는 상황이 반드시 발생할 것이기 때문에 아예 처음부터 공격적으로 당당하게 치고 나가는 것이다. 남들은 나의 이러한 점을 불안 요소로 볼 수 있을지 몰라도 나는 절대로 그렇게 생각하지 않고 그 불안 요소가 오히려 장점이 된다는 식으로 접근하는 것이 핵심이다.

저는 법과 정의가 바로 선 사회를 만들어 사회적으로 힘이 없는 사람들도 전혀 불편하거나 부당하지 않는 사회를 만들고자 ○○대학교 법학과에 진학하였습니다. 그리고 자연스럽게 사법고시를 준비하게 되었습니다. 하지만 고시 공부를 하면서 법학이라는 학문이 우리 사회와 피상적으로만 연관되어 있는 것이 아니라 깊은 관련이 있다는 것을 깨닫게 되었고 일반 기업이나 사회 생활에서도 제가 공부한 것을 바탕으로 충분한 능력을 발휘할 수 있는 ○○○와 같은 분야가 많다는 것도 알게 되었습니다.

위 지원자는 사실 고시 공부로 인한 불안 요소를 변명하는 선에서만 자기소개를 작성했었다. 고시 실패로 인한 좌절감과 어쩔 수 없이 취업을 해야 하는 상황 등을 주절주절 설명했는데 위와 같이 공격적인 내용을 수정하여 활용한 케이스이다. 적절하게 포장을 했다고 볼 수 있다.

어려운 집안 형편을 고려하여 2년제 대학에 입학하게 되었지만 저는 제 스스로 학비를 마련하여 4년제로 편입할 거라는 계획을 미리 세워두었습니다. 이러한 힘든 상황이 저에게는 절망이 아니라 도전해볼 수 있다는 희망을 심어주었고 해낼 수 있다는 자신감을 주었습니다. ○○대학교로 편입한 후에도 저는 초심을 잃지 않고 더욱 더 학업에 매진하였습니다. 경제학을 전공하면서 지금과 같은 경제 위기에도 활용할 수 있는 회계 관련 과목을 챙겨서 들었습니다. 한편 제가 어려웠던 시절을 생각하면서 시간을 쪼개어 방과후 교사로 봉사 활동을 통해 아이들에게 수학을 가르치고 있습니다. 꿈과 희망을 가지고 열심히 공부하는 아이들을 보면서 제 자신을 정기적으로 돌아볼 수 있고 그들이 꿈을 이루는 과정에 조금이나마 도움이 된다는 사실에 즐겁게 활동하고 있습니다.

위 성장과정은 편입과 휴학을 모두 가지고 있는 지원자가 작성한 내용이다. 불안 요소가 오히려 도전해볼 수 있다는 희망이 되었고 결국에는 원하던 바를 이루어냈다. 그리고 자연스럽게 자신과 비슷한 처지에 있는 아이들을 돌보는 봉사 활동을 증거로 내세워서 불안 요소가 현재는 상당한 플러스 요소가 되고 있다는 것을 주장한다. 충분한 설득력을 갖추었다.

POINT 친절한 포인트 정리

① 성장과정, 자기소개, 생활 신조, 인생관은 모두 동일한 구성으로 접근이 가능하다.

② 인재상에 맞추는 최신 트렌드를 활용하라.

③ 부모님이나 가족 이야기 활용시 가능하면 빨리 '지금의 나'로
넘어와라.

④ 지식과 경험을 종합하여 적성에 맞춰라.

⑤ 불안 요소를 장점으로 바꾸어 공격적으로 작성하라.

장단점

장단점은 장점과 단점으로 나누어서 설명하도록 하겠다. 기업들은 장점과 단점을 어떻게 요구하고 있는지 먼저 살펴보자.

GS 리테일

- 성격의 장 · 단점 및 보완 노력에 대하여.

삼성

- 보완점: 직무수행과 관련하여 자신의 장점과 단점을 말씀해 주십시오.

• 성격상의 장단점 및 단점 개선 노력에 대해 기술하십시오.

• 귀하의 장점을 기술하고, 단점을 개선하기 위해 노력한 점을 기술
하시오.

• 자신의 특기는 무엇이며, 향후 보완해야 할 점은 무엇이라고 생각
하는지 기술하십시오.

• 본인이 지원한 직무와 관련하여 자신의 강점 및 약점을 기술하고,
약점을 보완하기 위해 어떤 노력을 해 왔는지 기술하십시오.

• 자신의 장단점을 3가지 이상 기술하고, 단점을 개선하기 위해 어떠
한 노력을 기울이고 있는지 기술하여 주십시오.

장점은 앞에서도 알아봤듯이 완전 대놓고 인재상을 맞출 수 있는
항목이다. 거의 모든 기업의 자기소개서에서 찾아볼 수 있는 항목이

니까 어떤 기업이든 간에 최소한 1개 이상의 항목은 대놓고 인재상에 맞출 수 있다는 결론이 나온다. 장점을 인재상에 맞추는 접근은 Start 1장에서 이미 충분히 알아보았고 또 장점이야 작성이 특별하게 어려운 부분은 아니니까 주의할 점 위주로만 설명하도록 하겠다.

우선 일반적인 수준의 장점은 피해야 한다. 장점이라고 하니까 그저 좋은 이야기로만 구성하면 된다는 생각들이 많은 것 같다. 그래, 뭐 좋은 게 좋은 것이기는 하겠지만 그것이 기업에도 좋은 것이이야 한다는 생각을 먼저 해야만 한다.

> 저의 장점은 배려와 적응력입니다. 특유의 친근함으로 누구와도 쉽게 친해질 수 있고 남을 배려하는 세심함, 그리고 남을 편안하고 기쁘게 해 주는 것을 좋아하는 성격을 가지고 있습니다. 모든 것을 수용할 수 있는 마음 자세를 지녔기 때문에 적응력 또한 뛰어납니다. 타인의 목소리를 귀담아 들으려고 노력하는 점 때문에 어느 조직에서든지 쉽게 적응하는 것 같습니다.

배려와 적응력. 좋은 장점이기는 하지만 너무 흔하다. 성실, 긍정, 적극, 열정 등과 같은 너무나도 일반적인 수준의 장점은 사실 장점이라기보다는 신입 사원으로서 갖추어야 하는 기본적인 자질이다. 자기소개서에서 장점을 설명할 수 있는 항목은 1개밖에 없는데 여기에서 이런 기본적인 수준의 자랑을 하게 된다면 무엇으로 나의 특별한 경쟁력이나 기업 정보에 어울리는 장점을 전달할 수 있단 말인가?

저의 장점은 배려와 솔선수범입니다. 작은 예로 제가 대학교 때 조기 축구회 회장으로 팀을 운영하면서 힘든 부분이 골키퍼를 선정하는 것이었습니다. 누구나 공격수를 하고 싶어 했고, 이 해결책으로 저는 항상 골키퍼를 먼저 하면서 사람들이 스스로 돌아가면서 골키퍼를 하게 되었습니다. 이러한 배려와 솔선수범이 공동체를 운영하는 데 있어서 꼭 필요하다고 생각합니다.

위의 내용은 일반적이기도 하거니와 에피소드의 impact가 떨어지기까지 한다. 조기 축구회라는 조직 자체가 취업과 관련하여 어떤 큰 느낌을 전해주기 어려운데 거기에서 골키퍼를 선정하는 문제를 선택하여 전체적인 질을 확 낮춰버렸다. 어떤 장점이 나에게 도움이 될 수 있을 것인지를 한 번도 생각하지 않은 채 구성했다고밖에 볼 수 없다.

나에게 도움이 된다는 뜻은 지금 지원을 하는 데 도움을 준다는 뜻이고 그 말은 결국 지원 회사가 마음에 들어할 만한 나의 장점을 고르라는 것이다. 인재상에 맞추는 것이 바로 그러한 방법 중 하나가 아니겠는가? 인재상에 맞추지 않아도 업계의 특성, 지원 회사나 직종 및 업무의 성격과 맞추어갈 수 있다.

영업은 커뮤니케이션이다

제가 생각하는 영업은 커뮤니케이션을 통하여 상대방에게 신뢰를 주는 일입니다. 저는 학과 내 토론 및 프레젠테이션 동아리에 가입하여 4년 동안 효과적인 정보 전달 방법과 신뢰를 줄 수 있는 표정 관리를 습득하였습니다. 그리고 그것을 직접 실험해보기 위하여 가능한 많은 판매 아르바이트를 수행하였습니다. 대형 할인 마트에서 제품을 판매하면서는 고객들과 공감대를 형성하여 매출을 올릴 수 있었습니다. 또한 길거리 홍보에서는 한 번에 사람들을 끌어 모을 수 있는 재미 있는 멘트로 승부를 걸어서 좋은 결과를 얻기도 하였습니다. 저의 최대 강점인 커뮤니케이션은 제가 귀사에서 영업을 수행하는 데 가장 많은 도움을 줄 것이고 상황에 따라 커뮤니케이션 방법을 응용하여 좋은 실적을 낼 수 있도록 노력할 것입니다.

자신이 지원하는 영업이라는 직종에 맞춘 강점을 아주 구체적이고 설득력 있게 설명하고 있다. 이렇게 맞추려면 장점은 반드시 성격에만 기반해야 한다는 생각에서 벗어날 필요가 있다. 실제로 위의 항목들을 보아도 장점이 성격의 장점에서 많이 탈피하고 있다는 것을 알 수 있을 것이고 성격의 장점이라고 해도 위와 같은 수준이라면 충분한 경쟁력으로 맞춰갈 수 있다. 그렇다. 장점은 이제 단순한 성격이 아니라 경쟁력이라는 단어로 대체해서 접근하는 것이 유리하다.

단점은 최근에 가장 급격하게 변화하고 있는 항목 중 하나이다. 예전에는 단점을 그냥 썼다. 그런데 단점이 너무 많이 노출되어서 지원자들은 새로운 방법을 생각해냈는데 그것이 바로 '너무 ~해서 ~하다'를 숙어처럼 활용하는 방법이었다.

• 나는 너무 완벽 주의적인 성향을 가지고 있어서 무슨 일이든지 꼼꼼하게 한다.

> • 나는 성격이 너무 활달해서 많은 사람들과 너무 많은 시간을 보
>   낸다.
> • 나는 너무 마음이 약해서 다른 사람들의 부탁을 잘 거절하지 못
>   한다.
> • 나는 너무 집중력이 강해서 일단 일을 시작하면 다른 것을 잘 돌
>   아보지 않는다.
> • 나는 너무 솔직해서 다른 사람들에게 상처를 주는 일이 생기기도
>   한다.

필자가 위에서 정리한 내용들은 여러분들이 지금까지 가장 많이 활용했던 단점들이다. 이런 내용들은 원래는 장점이다. 장점이 '너무 ~해서' 단점이 된 내용이라 너무하지만 않으면 다시 장점이 된다. 결국 남들이 장단점을 작성할 때 우리는 장장점을 작성하는 것이어서 우리에게 상당히 유리하게 활용할 수 있었다.

완벽하게 하려는 결벽증

저는 일을 처리할 때 빠르게 결단을 내리고 너무 깔끔하게 하려는 경향이 있어서 같이 일하는 사람들을 힘들게 하곤 합니다. 대충 넘어가는 것을 못 참는 성격이라서 이것이 약점으로 작용하기도 하지만 급박한 상황에서는 오히려 강점이 되기도 합니다.

위의 샘플처럼 일을 할 때 너무 빠르게 결단을 내리고 너무 깔끔하게 하려는 경향이라는 내용을 일단 깔아준다. 그리고 그것이 단점이기는 하지만 원래 장점이 지나쳐서 단점이 된 거니까 결국에는 도

움이 된다는 식으로 변명을 하는 것이다. 꽤 그럴싸한 아이디어다. 그래서 기업들은 몇 년간 이러한 단점을 그냥 받아주었다. 그런데 '너무 ~해서 ~하다'는 것을 적용하여 단점을 장점으로 승화시킬 수 있는 내용에 한계가 보이기 시작했다. 그리고 기업들은 이런 단점을 지겨워하게 되었다. 그래서 단점이라는 이름에 변화를 주기 시작했는데 이때 새롭게 생겨난 이름이 보완점이다.

위의 항목 리스트에서도 볼 수 있듯이 단점을 아예 보완점이라고 부른다거나 단점 혹은 약점이라고 불러도 보완 노력이나 개선 방안에 대해서 추가적으로 묻는다. 쉽게 말해서 그냥 솔직하게 단점을 쓰라는 것이다. 대신 단점을 고칠 방법을 정확하게 알고 있는지 여부를 확인한다. 이 세상에 단점이 없는 사람이 어디 있겠는가? 하지만 단점을 보완하기 위해서 노력하여 확실한 방법을 찾아낸 사람은 많지 않다. 앞에서도 말했지만 인사 담당자들은 지원자가 작은 경험을 큰 경험으로 옮길 수 있다고 믿는다고 했다. 마찬가지로 자신의 단점을 보완하는 방법을 찾아낸 사람은 입사 후 업무에 대한 단점이 생겼을 때 스스로 보완하면서 발전할 수 있다고 믿는 것이다.

일 처리 속도가 느립니다

무슨 일이든지 꼼꼼하게 해야만 직성이 풀리는 성격 때문에 저는 일을 할 때 계속해서 검토하는 습관이 있습니다. 이렇게 하다 보면 일 처리 속도가 느려지는 문제가 발생하기는 하지만 지속적인 검토를 통해서 오류를 줄여나갈 수 있기 때문에 일을 완료한 후에 다시 수정하는 시간과 비용을 단축할 수 있어서 장점으로 활용되기도 합니다.

하지만 보다 정확하면서도 빠른 일 처리를 위하여 같은 작업을 여러 번 반복해서 연습하거나 비슷한 업종끼리 그룹화해서 일 처리를 수행하는 과정을 연습해서 속도를 높이도록 하겠습니다.

하지만 위와 같은 내용으로는 부족하다. 보완 방법을 알고 있는 것처럼 말하기는 했지만 앞으로 그렇게 하겠다라는 식으로 마무리를 하고 있다. 단점을 보완하기 위해서 앞으로 노력하겠다거나 귀사에 입사하여 일하면서 고치겠다거나 하는 등의 결론은 보완 방법을 모르고 있는 것과 동일하다. 왜? 아직 노력해서 고쳐본 것이 아니니까. 따라서 최소한 어떤 식으로 노력을 했고 지금은 고치는 방법을 잘 이해하고 있다는 것까지는 알려주어야만 한다.

저는 한 가지 일에 몰두하는 경향이 있습니다. 집중력이 강하다고 평가받기도 하지만 때로는 해야 할 일을 제때 해내지 못하는 결과를 가져오기도 합니다. 그래서 매일 하루를 시작하면서 그날 해야 할 일들을 리스트로 작성하여 시간을 효율적으로 배분하려 노력하고 있습니다. 처음에는 의욕만 앞서 빽빽하게 적은 리스트가 많은 부담이 되었지만 지금은 일에 집중을 하면서도 계획성 있는 하루를 보내고 있습니다.

확실하게 스스로 깨닫고 노력하여 보완했다는 내용이다. 한 가지 일에 몰두하는 경향은 사실 '너무 ~해서 ~하다'로 활용할 수 있는 내용이다. 하지만 이 단점으로 인하여 도움이 된다는 식의 변명

에 초점을 맞추지 않고 시간을 효율적으로 배분하려 노력했다는 것
과 그것으로 인한 긍정적인 결과에 집중하고 있다.

당당하게 나선다

저는 많은 인원들 앞에서 발표할 때 다소 긴장하는 단점이 있었습
니다. 하지만 대학교 입학 후에 발표할 기회가 많아지면서 자연스럽
게 단점을 보완할 필요성을 느끼게 되었고 방학을 활용하여 스피치
학원에 등록하여 대중 앞에 당당하게 나서는 능력을 길렀습니다. 이
후 저는 과제나 세미나 발표를 자청하여 몸소 부딪치면서 발표 능력
을 기르기 위해 노력하였고 발표력이 뛰어난 다른 학생들의 장점을
메모하면서 배워 나갔습니다. 결국 졸업 논문 발표에서 저의 발표력
을 인정받을 수 있었습니다.

보다 구체적인 노력에 대한 증거를 제시하면 그만큼 더 보완이
되었다는 것을 증명할 수 있다. 위 샘플의 경우에는 발표할 때 다소
긴장하는 단점을 스피치 학원에 등록하여 보완하였고 이후에는 과
제나 세미나 발표를 자청하는 등의 노력을 통하여 결국 졸업 논문
발표에서 발표력을 인정받았다는 군더더기 없는 구성을 보여준다.
특히 주목할 것은 단점의 소제목이다. 대부분 단점의 소제목으로는
부정적인 것을 언급한다. 앞의 샘플에서도 '완벽하게 하려는 결벽
증', '일 처리 속도가 느립니다'와 같이 보완 이전의 내용을 소제목으
로 활용하였는데 위 샘플의 경우에는 보완 이후에 발전된 부분에 집
중하여 그것을 소제목으로 내세웠다. 단점이지만 결코 부족한 부분

처럼 보이지 않고 오히려 소제목을 통하여 긍정적인 이미지까지 전
달하고 있다.

　　저의 급한 성격은 오래도록 저에게 불편함을 주었습니다. 하지만
대학교 1학년 때 영어 회화 동아리에 가입하면서 이러한 성격을 점차
고쳐갈 수 있었습니다. 특히 당시 동아리를 이끌던 회장은 차분하면
서도 조용한 성격을 바탕으로 모든 행사를 성공적으로 수행하였고 동
아리 일원들을 잘 관리하였습니다. 그러한 모습을 보면서 저는 행동
하기 전에 다시 한 번 생각을 정리하는 시간을 갖게 되었고 일을 진
행할 때에는 우선순위를 결정하여 보다 효율적으로 시간을 관리할 수
있게 되었습니다. 지금 저는 주어진 시간을 잘 활용하면서 차분하게
일하는 방법을 누구보다 잘 알고 있습니다.

　　보완하는 방법은 처음부터 끝까지 꼭 스스로 깨달을 필요는 없
다. 위처럼 생활이나 경험 중에서 다른 사람을 통해 배워서 그것을
내 것으로 응용하여도 무방하다. 보완 방법을 찾는 것은 자신만의
노력이니까 어떻게 그것을 찾았는지 그리고 어떻게 보완되었는지만
확실하면 되는 것이다.

　　그런데 간혹 보면 그럴싸한 단점을 찾아내지 못해서 어려움을
겪는 지원자들도 많더라. 단점이 없는 것은 분명 아닐 터인데 자신
의 단점에 대한 보완 방법을 알지 못하거나 개선하기 위해서 노력해
본 경험이 없는 경우일 것이라고 생각한다. 이때는 자신의 장점을
역으로 단점으로 활용하는 방법을 써보자. 사실 자신의 장점에는 작

성할 내용이 많다. 또 인재상에 맞출 수 있는 내용은 얼마든지 만들어낼 수 있으니까 일단 장점을 두 가지 골라서 하나는 장점으로 작성한다. 그리고 다른 하나의 장점은 원래 단점이었는데 자신이 노력해서 그것이 장점이 되었다는 식으로 포장하는 것이다.

실제로 위의 샘플 중에서 급한 성격을 개선한 단점을 작성한 지원자의 내용은 원래는 장점으로 구성한 것이었다. 자신이 효율적으로 시간 관리를 하며 차분하게 일한다는 것을 내세웠었는데 이렇다 할 단점이 없었기 때문에 사실은 성격이 급했지만 이런 보완 과정을 통하여 개선하였다는 식으로 접근한 것이다. 이 내용은 원래 장점이었으므로 충분한 증거를 가지고 있었기 때문에 이 증거들을 보완 방법에 적용하여 그럴싸한 단점을 만들어낼 수 있었던 것이다.

마지막으로 지원 직종이나 업무에 중요한 부분을 단점으로 고르지는 않도록 하자. 예를 들어서 영업에 지원하는데 내성적이라는 것을 단점으로 꼽았다. 아무리 보완 방법과 노력, 결과를 알려도 활발하고 외향적인 성격이 잘 맞는 영업이라는 직무에는 긍정적인 영향을 주기 어려울 것이다. 따라서 지원 직종이나 업무, 인재상 등에 좋지 않은 영향을 주지 않는 범위 내에서 단점을 골라내는 작업이 필요하다.

항목에 따라서는 장단점을 함께 구성하거나 일반적인 성격에 대해서 기술해야 하는 경우도 있다. 중요한 것은 반드시 단점까지 끌고 갈 필요는 없다는 것이다. 실제로 합격한 자기소개서를 보면 항목이 단점과 장점으로 분리되지 않은 경우라면 단점을 쓰지 않은 경우도 많다. 위에서 알아본 방법대로 단점을 쓸 수 있다면 장점과 단점의 비중은 8:2나 7:3 정도로 유지해서 가능하면 장점에 치중하는 것이 유리하다. 단점을 쓰려면 보완점도 함께 알려주어야 하니까 너무 간략하게만 작성할 수는 없기 때문에 10 중에서 2나 3 정도는 공간을 만들어 둘 필요가 있겠다.

일반적인 성격의 경우에는 더더욱 단점에 치중하지 않아도 좋다. 어차피 단점을 쓰라는 요구가 없으니까 단점은 살짝 빼주는 센스를 발휘해도 무방하다. 이런 경우에 단점에 많이 치중하는 것은 아무도 묻지 않았는데 살 빼기 전이나 성형 전의 사진을 공개하는 것과 마찬가지이다. 어쨌든 자신에게 더 유리한 방향으로 끌고 가는 것이 현명할 것이다.

또 하나 여러분들이 많이 실수하는 것이 장점과 단점을 연결시키는 구성을 만드는 것이다.

저는 다른 사람들과 의사 소통을 잘합니다. 다른 이들의 의견을 먼저 듣는 것을 좋아하고 그 이후에 제 의견을 제시하여 올바른 결론을 이끌어낼 수 있습니다. 또한 일을 시작하면 꼼꼼하게 분석하고 끝까지 실수가 없도록 신경을 씁니다. 단점은 장점과 겹치는 부분이 있다고 생각하는데, **꼼꼼**하고 실수 없이 맡은 일을 이루려다 보니 제 자신에게 압박을 많이 주고 그 부분에서 긴장을 많이 하게 되는 편입니다. 어떤 일에는 다소 강하고 보다 적극적으로 밀고 나가야 하는데 이러한 면이 조금 부족하여 이러한 단점을 고치려고 노력하고 있습니다.

뭐, 장점은 장점인지 알겠다. 하지만 단점이 장점과 겹치는 부분이 있다고 하면서 보완 방법도 명확하지 않다. 결국에 장점이 장점도 되고 단점도 된다는 뜻인데 만약에 읽는 사람이 이것을 단점으로 생각하게 된다면 이 지원자는 단점만을 알리는 꼴이 되고 만다. 따라서 어떤 경우에도 장점과 단점은 완벽하게 다른 내용으로 분리하는 것이 옳다.

　저는 A형입니다. 흔히들 A형은 소심하고 우유부단하다고들 하는데 저 역시도 어느 정도 그런 면을 가지고 있다고 생각합니다. 하지만 저는 단순히 소심하고 우유부단하다기보다는 일을 결정하는 데 있어 신중하게 생각하는 편입니다. 그리고 신중하게 결정 내린 일에 대해서는 결과를 두려워하지 않고 과감하게 밀어붙입니다. 또한 저는 사람들을 잘 배려하고, 그 사람에 대해 기억을 잘 합니다. 처음 본 사람의 얼굴과 이름을 잘 기억하는데, 이런 점은 사회생활을 함에 있어 큰 도움이 될 것이라 생각합니다. 그러나 앞에서 언급한 신중한 성격 때문에 가끔은 결정을 내리는 데 있어 너무 긴 시간을 필요로 하기도 합니다. 또한 남들에 대한 배려가 심할 때가 있어 제 자신이 상처를 받는 경우도 생기는데 이런 점은 저의 성격 중 고쳐야 할 부분이라고 생각합니다.

이 샘플 역시 장점과 단점이 겹쳤고 보완 노력도 없다. 특히 성격을 작성할 때 혈액형에 기반하는 경우가 종종 있는데 어떤 증거도 댈 수 없다. 혈액형과 성격의 과학적인 연결이 증명된 사례가 있다면 필자에게 좀 알려달라.

정리하자면 장점보다 단점 작성이 조금 더 까다롭다고 볼 수 있 겠다. 하지만 여러 사례를 통하여 단점을 작성하는 방법을 알아보 았으니까 스스로 자신에게 맞는 내용을 구성할 수 있을 것이라고 믿겠다. 지금까지 여러분들이 작성해온 장점과 단점은 어떤 트렌드 를 따르고 있었는지 파악하고 최신 트렌드에 맞춰서 수정할 수 있 도록 하자.

POINT 친절한 포인트 정리

① 일반적인 장점은 피하고 철저하게 인재상 등의 기업 정보에 맞 춰라.
② 장점은 성격의 장점에서 벗어나서 경쟁력 전달에 집중하라.
③ 단점은 보완 방법을 알리고 보완하기 위한 노력과 결과를 전달 하라.
④ 구체적인 에피소드를 적극적으로 활용하여 증거의 질을 높여라.
⑤ 장점과 단점을 함께 작성할 경우에는 완벽하게 다른 내용으로 분리하라.

사회 활동

사회 활동에는 큰 category 안에 과외 활동, 봉사 활동, 동아리 활동, 해외 연수, 아르바이트, 수상 경력, 교육 사항 등 실로 많은 경험들이 포함된다. 작성할 수 있는 범위가 넓은 만큼 작성이 수월하다고 생각할 수 있겠지만 오히려 그것 때문에 함정에 빠지는 경우가 더 많이 생긴다.

┌─ 롯데그룹 　LOTTE ─────────────────────────────
│ • 사회 활동(교내과외활동경력, 동아리 활동, 봉사 활동, 해외연수, 기타 사
│ 　회 활동).
└──

• 사회생활 및 연수경험.

• 교내활동 및 자기계발.
• 대외활동(인턴, 봉사 활동, 사회경험 등).

• 동아리 활동 · 연수경험 · 교육사항 · 아르바이트 · 수상경력.

• 학교 및 사회생활, 국 · 내외 여행 등 자신이 겪은 경험에 대해 구
  체적으로 기술하세요.

• 사회경험(아르바이트, 인턴 등) 및 봉사 활동 등을 통해 느낀 점은 무
  엇이며, 그런 경험이 자신의 경력목표에 어떤 의미가 있다고 생각
  하는지 기술하여 주십시오.

• 귀하가 경험한 주요 사회 활동 중에서 조직 생활에 가장 도움이 될

만한 경험이 무엇이었는지 서술해 주십시오(동아리, 어학 연수, 봉사
활동 등).

먼저 에피소드로 활용할 수 있는 내용이 많다고 아무거나 고르
면 안 된다. 가장 최근의 내용을 고르는 것이 유리하기는 하지만 가
장 최근 내용이라고 다 좋은 것도 아니다. 역시 충분한 impact를 줄
수 있는 에피소드를 골라야 하겠다. 내가 경험한 것 중에서 가능하
면 특별하고 특이한 내용을 골라라. '특별'은 보통과 구별되는 것이
고 '특이'는 보통보다 뛰어난 것이다. 즉, 일반적으로 모든 지원자들
이 작성하는 보통의 수준과 구별되는 내용들 중에서도 특이한 것을
고르자는 것이다. 영어로 풀자면 special한 것 중에서도 unique한 것
을 찾자는 정도의 뜻이 되겠다.

아프리카로 오지 탐험을 떠났다거나 우연한 기회에 서적 집필에
참여한 경험, 봉사 활동으로 신문에 기사가 실렸던 에피소드 정도면
어떤가? 광고 회사에서 아르바이트를 하던 중 CF에 단역으로 출연
했거나 버스에서 소매치기를 잡는 용기를 발휘한 경험 등도 특별하
고 특이하다. 휴학 기간 중에 사업을 해봤던 경험도 괜찮고 두 달 동
안 유럽 10여 개국을 혼자 배낭 여행한 경험, 봉사 활동 300시간을
보유한 경험도 확실하게 남들과는 다르다.

2007년 여름 방학에 10명의 학생들과 한 팀을 이루어 아프리카로
해외 봉사 활동을 가게 되었습니다. 현지 중학생들에게 소프트웨어

활용 교육을 진행하였는데 생각보다 반응이 뜨거웠습니다. 2008년 7월에는 캐나다에서 어학 연수를 마치고 한국인 학생회에서 진행하는 자원 봉사 클럽에 가입하여 거리의 노숙자들에게 식사를 나누어주는 활동에 참여하기도 하였습니다. 또 지난 겨울 방학에는 네팔로 해외 봉사 활동을 가게 되었고 한국에 돌아온 이후에는 교회 단체에서 양로원으로 노인 목욕 봉사에 자원하기도 하였습니다. 이렇게 저는 지금까지 상당히 많은 자원 봉사에 참여해오고 있습니다.

이처럼 특별하고 특이한 에피소드는 그 자체로 impact를 강하게 줄 수 있어서 속된 말로 확실히 절반 이상은 먹고 들어갈 수 있기는 하겠지만 내용을 잘 풀어가지 못하면 소용이 없다. 많은 지원자들이 범하는 오류인데 사회 활동을 하나라도 더 알리고 싶은 욕심 때문에 그저 나열식으로만 정보를 전달하는 경우이다. 사실 나열식 정보는 이력서에도 대부분 나와있기 때문에 중복된 내용을 완벽한 문장 형태로 전달하는 것 이상의 효과를 얻지 못한다.

중요한 것은 '무엇을 했는지'가 아니라 '무엇을 얻었는지'이다. 이런 측면에서 봤을 때 자신이 갖추고 있는 에피소드가 다른 지원자에 비해서 다소 밋밋하더라도 '무엇을 얻었는지'만 잘 풀어가면 승부를 걸어볼 수 있다는 결론이 나온다.

저는 대학에 입학하자마자 교내 봉사 활동 동아리에 가입하여 매 방학마다 어울림이라는 정신지체 아동 보육 시설에서 아이들에게 동화책을 읽어주는 봉사를 하고 있습니다. 사실 처음에는 아이들에게 도움을 주었다는 제 자신이 기특하고 뿌듯하여 그것에서만 만족감을 얻었습니다. 하지만 제가 읽어주는 동화책의 내용에 따라서 웃기도 하고 울기도 하는 아이들을 보면서 그 아이들을 대하는 저의 태도가 얼마나 중요한 것인지를 깨달았습니다. 이 경험 이후에 저는 유치원 선생님으로 일하는 지인에게 부탁하여 구연 동화를 하는 방법을 배웠고 아이들에게 더 재미있게 책을 읽어줄 수 있게 되었습니다. 그 아이들은 비록 정신적으로 온전하지는 못했지만 언젠가는 동화책에 나오는 주인공처럼 건강해질 거라는 희망을 가지고 있었고 그것은 작은 어려움에도 불평했던 제 자신을 꾸짖어주는 것만 같았습니다. 학교를 졸업하였지만 지금도 저는 주말이면 가족 및 친구들과 함께 아이들을 만나서 더 많은 즐거움을 함께 나누고 있습니다.

냉정하게 따져서 정신지체 아동 보육 시설에서의 봉사 활동은 대학생이라면 누구라도 해볼 수 있을 만한 수준의 사회 활동이다. 이렇게 에피소드 자체로는 충분한 impact를 주기 어렵기 때문에 결론이 되는 '무엇을 얻었는지'에 집중하여 특별하고 특이한 내용을 만들고 있는 것을 볼 수 있다. 대부분의 자기소개서 항목이 경험을 기술하라고 요구할 뿐 무엇을 배우고 느꼈는지는 묻고 있지 않기 때문에 우리가 이러한 부분에 집중하지 못하는 것이다.

또 하나의 방법은 구체화를 통하여 impact를 끌어올리는 것이다. '무엇을 얻었는지'로 결론을 맺기 어려운 활동이라면 '무엇을 했는지'를 '무엇을 어떻게 했는지'로 발전시키는 것이다.

저는 학과 토론 동아리의 리더로 1년간 활동했습니다. 하지만 제가 리더가 되었을 때 동아리는 목적을 잃고 쓰러져가고 있었습니다. 저는 먼저 가장 활발한 활동을 했던 멤버들을 설득하였고 제가 먼저 솔선수범하여 그들을 배려와 이해로 대했습니다. 오래 걸리지 않아서 멤버들은 저의 뜻을 이해하게 되었고 동아리의 목적을 다시 살릴 수 있었습니다. 제가 그들에게 대했듯이 다른 일원들을 대하도록 지시하였습니다.

위의 샘플에 핵심 내용은 있다. 토론 동아리의 리더로 1년간 활동했고 목적을 잃고 쓰러져가는 동아리를 활발한 활동과 멤버 설득을 통하여 다시 살렸다는 것인데 어떻게 그렇게 할 수 있었는지가 쏙 빠져 있다. 여러분들이 작성하는 많은 사회 활동의 내용에는 이 '어떻게'가 없다. 어떻게 활발한 활동을 했고 어떻게 멤버들을 설득했으며 멤버들은 어떻게 자신의 뜻을 이해하게 되었는지 그것이 기업 측에서 알고 싶은 내용이다.

우리를 위하여

지난해 하계 방학 때 ○○그룹에서 주최한 marketing challenge 프로그램에 참여한 경험이 있습니다. 5명이 한 조를 이루는 팀에서 조장을 맡아서 5일간의 교육 기간 동안 다양한 과제를 동시에 진행하였습니다. 방학 기간이어서 아르바이트나 봉사 활동 등으로 조원 모두 바쁜 생활을 하고 있었기 때문에 모두들 잠을 줄여가며 협동심을 발휘하였습니다. 조장으로서 저는 조원들이 1시간씩 돌아가면서 휴식을 취할 수 있는 스케줄을 활용하고 각 전공별로 어울리는 역할을 분담하여 과제 수행의 효율성을 높였습니다. 매일 교육 후 별도의 시간을 활용하여 그 날의 진행과 결과를 확인하고 잘한 점은 격려하였고 보완할 부분은 바로 개선할 수 있도록 하였습니다. 며칠 밤을 함께 새우고 고생하면서 강한 유대 관계를 형성할 수 있었으며 나만을 위해서가 아니라 우리를 위해서 목표를 달성하는 것이 얼마나 중요한 것인지를 깨달을 수 있었습니다.

위 샘플은 여러 측면에서 잘 구성되었는데 일단 소제목부터 마음에 든다. 신입과 조직의 일원이라는 위치를 동시에 공략할 수 있을 만한 제목이다. 그리고 방학 기간이어서 아르바이트나 봉사 활동 등으로 조원 모두 바쁜 생활을 하고 있었다는 부분과 모두들 잠을 줄여가며 협동심을 발휘하였다는 내용으로 상황 자체를 더 나쁘게 만들었다. '올리고 내리고 법칙'을 아주 적절하게 활용하였다. 그 이후에는 자신의 역할을 확실하게 올렸다. 조장으로서 조원들이 1시간씩 돌아가면서 휴식을 취할 수 있는 스케줄을 활용하였고 각 전공별로 어울리는 역할을 분담하여 과제 수행의 효율성을 높였다는 문장에는 '어떻게 했는지'가 나와 있다. 프로그램의 결과가 어땠는지조차 알리고 있지 않지만 구체적으로 어떻게 했는지를 통하여 읽어보는 사람은 이 지원자의 충분한 자질을 파악할 수 있을 것이다.

앞에서 사회 활동은 에피소드의 범위가 넓어서 선택으로 인한 어려움이 있다고 말했는데 이것은 어떤 에피소드를 고를지에 대한 고민도 포함을 하겠지만 여러 에피소드를 어떻게 구성하는지에 대한 문제도 포함한다. 사회 활동의 에피소드 구성에 대한 몇 가지 유의점들을 살펴보자.

먼저 하나의 에피소드를 중복해서 활용하지 말라. 도전이라는 인재상에 맞춰서 어학 연수 에피소드를 '자기소개' 항목에서 이미 활용했는데 '사회 활동' 항목에서 동일한 어학 연수 에피소드를 또 활용하는 경우이다. 자신이 보유한 에피소드 중에서 최고의 impact 를 줄 수 있는 내용이기 때문에 재탕하고 남아 있는 뼈까지 우려먹는 것인 줄은 잘 알고 있다. 하지만 이런 식으로는 제한적인 경험을 한 지원자라는 이미지를 벗어나기 어렵다. 따라서 여러 에피소드를 골고루 배치하여 전체적인 구성에 다양성을 심어 주어야만 한다.

그래서 다양한 에피소드를 골고루 활용하긴 했는데 만약 비슷한 결론을 도출하는 에피소드라면 구성을 다시 생각해보는 것이 좋겠다.

2007년 여름 방학에 10명의 학생들과 한 팀을 이루어 아프리카로 해외 봉사 활동을 가게 되었습니다. 현지 중학생들에게 소프트웨어 활용 교육을 진행하였는데 생각보다 반응이 뜨거웠습니다. 비록 짧은 기간이었지만 다른 나라 문화와의 차이를 이해하고 수용할 수 있는 자세가 글로벌 시대에 꼭 필요하다는 것을 느꼈습니다. 또 2008년 여름 방학에는 영어 공부를 위하여 캐나다 토론토로 어학 연수를 떠났습니다. 영어교육 전문 기관에서 중급 회화 과정을 무사히 이수할 수 있었습니다. 또한 연수를 받는 동안에 토론토의 중요 관광지를 둘러보면서 영어 구사 능력을 길렀을 뿐만 아니라 많은 외국 친구들을 만나면서 글로벌 시대에 필요한 견문을 넓힐 수 있었습니다.

아프리카 해외 봉사 활동과 캐나다 토론토 어학 연수라는 impact 충분한 에피소드 두 개를 묶었다. 그런데 아프리카 해외 봉사 활동을 통하여 느낀 '다른 나라 문화와의 차이를 이해하고 수용할 수 있는 자세가 글로벌 시대에 꼭 필요하다는 것'과 캐나다 토론토 어학 연수를 통하여 '글로벌 시대에 필요한 견문을 넓혔다'는 것이 중복된다.

위 샘플은 그래도 에피소드의 성격이 비슷해서 결론이 겹칠 수도 있다고 이해할 수 있지만 전혀 다른 성격의 에피소드의 결론이 겹치는 경우도 발생한다. 동아리 활동을 통하여 '팀워크 능력'을 길렀고 봉사 활동을 통해서도 '협동심을 길렀다'는 두 개의 에피소드는 성격은 다르지만 비슷한 결론을 전달한다. 그래, 뭐 활용할 수 있는 괜찮은 에피소드가 한 10개 정도 된다면 필자가 인정하겠다. 하지만 impact 충분한 에피소드는 5개도 챙기기 어렵다는 것은 여러분들이 더 잘 알고 있을 것이다. 그리고 하나의 에피소드에 집중하여 주어진 글자 수 안에서 '무엇을 얻었는지' 혹은 '무엇을 어떻게 했는지'를 알리는 것도 쉬운 일이 아니다. 나머지 한 개는 다른 항목에 양보하여 전체적인 구성을 맞추도록 하자. 굳이 두 개 이상의 에피소드를 활용하고 싶다면 가능하면 성격과 결론이 전혀 다른 에피소드를 묶어야 하겠다.

그렇다면 사회 활동의 모든 에피소드가 한 가지 성격에만 맞춰 있으면 어떻게 다양하게 구성할 수 있을까?

봉사 활동은 저의 대학 생활에서 아주 중요한 부분을 차지하였습니다. 1학년부터 매 방학 때마다 여의도에 있는 ○○○라는 지체아동 보육시설에서 동화책을 읽어주는 봉사를 계속 해오고 있습니다. 2008년 7월에는 캐나다에서 어학 연수를 마치고 한국인 학생회에서 진행하는 자원 봉사 클럽에 가입하여 거리의 노숙자들에게 식사를 나누어주는 활동에 참여하기도 하였습니다. 또 지난 겨울 방학에는 네팔로 해외 봉사 활동을 가게 되었고 한국에 돌아온 이후에는 교회 단체에서 양로원으로 노인 목욕 봉사에 자원하기도 하였습니다. 이렇게 저는 지금까지 상당히 많은 자원 봉사에 참여해오면서 다른 사람들과 함께 산다는 것이 얼마나 중요한 것인지를 깨달을 수 있었습니다. 비록 저의 재주나 능력이 뛰어나지는 않을지 몰라도 사회적으로 약자가 될 수밖에 없는 그들에게 제가 가진 것을 나누어줄 수 있다는 것은 저에게는 엄청난 기쁨입니다. 한 사람의 진심 어린 봉사가 그들에게는 삶의 희망이 될 수 있다는 것을 조금 더 일찍 깨달았으면 좋았을 거라는 생각을 그들을 만날 때마다 하게 됩니다.

앞에서 알아본 에피소드 포장법을 활용할 수 있겠다. 봉사 활동은 반드시 위와 같은 결론만을 얻어야 한다는 고정 관념에서 벗어나서 다양한 결론에 접근해보는 것이다. 에피소드의 결론 부분을 톡 떼어내고 새로운 접근으로 얻은 새로운 결론을 다음과 같이 적용해보자.

에피소드	새로운 접근
캐나다에서 참여한 자원 봉사 클럽 활동	봉사 자체에 접근하지 말고 일원들과의 활동 자체에 접근하여 프로젝트나 공모전 등에서만 얻을 수 있을 것처럼 보이는 팀워크나 리더십, 의사 소통, 대인 관계 능력 등 다양한 결론 도출 가능

에피소드	새로운 접근
네팔 해외 봉사 활동	활동은 봉사 활동이지만 해외 경험이라는 측면에 집중하여 글로벌 배경이나 해외 경험 등으로 새롭게 접근

해외 연수나 동아리 활동 등 모든 활동이나 경험도 마찬가지이다. 우리가 일반적으로 얻을 수 있는 결론을 우리는 얻어야만 하는 결론으로 생각하는 경우가 많기 때문에 이렇게 미리 결론을 세워놓고 에피소드를 활용하는 오류를 범하는 것이다. 하지만 Start 2에서 충분히 연습했다시피 고정관념만 버린다면 새로운 길을 열어갈 수 있다. 대부분의 사회 활동은 팀으로 이루어지기 때문에 새롭게 접근하고 에피소드를 적절하게만 포장한다면 자신이 원하는 어떤 방향으로도 움직일 수 있다는 것을 명심하기 바란다.

POINT 친절한 포인트 정리

① 특별하고 특이한 에피소드를 골라라.

② '무엇을 했는지'가 아니라 '무엇을 얻었는지'에 집중하라.

③ '무엇을 했는지'를 '무엇을 어떻게 했는지'로 발전시켜라.

④ 하나의 에피소드를 중복 활용하지 말고 비슷한 결론을 도출하는 에피소드 구성을 피하라.

⑤ 고정관념에서 벗어나 다양한 접근을 시도하라.

직무 경험

"직무 경험을 쓰라고 해서 일한 경험을 썼는데 왜 다시 쓰라는 겁니까?"

필자의 컨설팅에 불만을 느낀 한 학생이 따져 물은 질문이다. 그 학생이 작성한 것은 직무 경험이 맞았다. 하지만 어디에도 도움이 되지 않는 그저 일을 했던 경험일 뿐이었다.

─ 롯데그룹 **LOTTE** ─────────────

• 직무 경험(직무 경험을 입력하세요).

┌─ 위아 *HYUNDAI WIA* ─────────────────────────────
│ • 경험 및 보유 기술을 자유롭게 기술하세요.
└───

┌─ 고려아연 고려아연주식회사 ─────────────────────────
│ • 사회 활동 경험(동아리, 봉사 활동, 인턴 등).
└───

┌─ 동원엔터프라이즈 Donqwon ───────────────────────
│ • 타인과 차별화되는 귀하의 경험사항 및 직무관련 활동을 기술하
│   시오.
└───

┌─ 삼성탈레스 SAMSUNG | THALES ───────────────────
│ • 지원분야와 관련하여 귀하의 능력(역량)을 나타낼 수 있는 내용을
│   기재바랍니다. 예) 학교성적, 수상경력, 논문실적, 동아리 활동 등
└───

┌─ 포스코건설 posco ──────────────────────────────
│ • 지원분야와 관련하여 대표적으로 수행한 프로젝트(활동, 수업, 공모
│   전, 업무 등)에 대하여 기술하시오.
└───

┌─ 오리온 ＊ORION ──────────────────────────────
│ • 지원하신 직무와 관련하여 다음을 참고하여 기술해 주시기 바랍니
│   다(1. 지원동기 / 2. 직무 관련경험 / 3. 자기개발 / 4. 직무관련 지식, 스킬).
└───

직무 경험을 그저 일해본 경험으로만 착각하는 경우들이 많더라. 하지만 위의 항목들에서도 알 수 있듯이 직무 경험은 지원 분야와 관련이 되어야만 한다. 그리고 대부분의 기업들은 지금 지원하는 분야와 100% 딱 들어 맞는 경험을 해봤던 지원자들이 그렇게 많지 않다는 것도 잘 알고 있다. 그래서 항목에서는 지원 분야와 관련된 프로젝트, 학교성적, 수상경력, 논문실적, 동아리 활동, 업무까지 범위를 넓혀준 것이다.

직무 경험은 관련도에 따라 접근 방법이 달라지므로 이를 기준으로 세 가지로 나누어서 설명하도록 하겠다.

정말로 열심히 노력했다면 지금 지원하는 회사에서 인턴이나 아르바이트 경험이 있을 수 있다. 아니면 그저 운이 좋아서 지원 회사와의 인연이 있는데 이것을 잘 포장하여 적극적으로 활용할 수도 있을 것이다. 어쨌든 두 경우 모두 이전에 지원 회사와 인연이 있었다는 측면에서 본다면 확실하게 도움이 되는 내용으로 활용이 가능하다. 지원 회사가 아니더라도 동일한 업계의 경쟁사 경험 역시 관련도가 높은 편에 속한다. 지원 분야와 동일하거나 비슷한 직무를 경험했던 에피소드도 많은 도움이 될 것이다. 이처럼 지원 분야와 관련도가 높다면 에피소드를 그냥 쓰기만 하면 된다. 큰 걱정은 없다. 다만 집중할 수 있는 요소들을 최대한으로 극대화하는 것에는 신경을 써야 하겠다.

지원 회사에서 일해봤다면 기업의 인재상을 언급하는 것이 자연스러워진다. 직원들이 인재상에 맞게 어떻게 일하고 있는지, 그 기업의 사람들은 어떤지, 그리고 그들이 형성한 문화는 어떤지를 경험해봤다고 말할 수 있다. 이것을 통하여 그 회사와 내가 얼마나 잘 맞을 수 있을 것인지 등을 강조한다면 남들이 간접적인 에피소드를 인재상과 연결 지을 때 우리는 직접적인 에피소드로 보다 명확한 증거를 제시할 수 있다.

경쟁사 경험 역시 자신이 일하고자 하는 사업이나 분야를 경험하면서 보고 배운 내용으로 충분히 어필이 가능하다. 지원 회사나 경쟁사는 아니지만 비슷한 직무 경험 역시 적성을 알릴 수 있다는 점에서 충분한 힘을 전달할 수 있다. 결과적으로 내가 한번 해봤는데 해보고 나니까 이 회사나 업무가 더 좋아졌다는 식으로 관심과 열정 등에 집중할 수 있고 이것은 안 해본 사람들이 전달하기에 무리가 따른다는 점에서 확실한 플러스 요인이 될 것이다.

품질 관리에 대한 탄탄한 지식과 인턴 경험

산업 공학의 여러 갈래 중에서도 저는 품질 관리에 가장 큰 관심을 두었습니다. 품질 관리와 관련이 있는 모든 과목을 하나도 빠짐 없이 수강하였으며 그 중에서도 실험 계획법이나 통계 과목도 상당히 흥미롭게 들었습니다. 이렇게 학과 공부에 매진하는 한편 과내의 품질 관리 학회에서도 열심히 활동하였습니다. 선배들에게 품질 경영기사 자격증 취득을 위한 정보와 조언을 얻기도 하였고 방과 후 스터디 모임을 통하여 품질 경영기사 자격증을 취득하였습니다. 또한 방학을 이용해서는 매뉴얼, 지침서, 절차서의 작성 및 심사 시의 유의 사항 등 기본적인 실무 능력을 배양하는 ISO 실무 과정을 수료하였습니다. 하

지만 이론적인 부분에만 그치지 않고 저는 여름 방학을 활용하여 ○○
의 인턴으로 생산 및 물류센터 관리를 보조하면서 실제적인 업무를
경험하였습니다. 이러한 저의 이론과 실무를 결합한 배경은 귀사의
품질 관리 업무를 빨리 익히는 데 무엇보다 큰 도움이 될 것입니다.

위 샘플은 소제목에서부터 알 수 있듯이 지원 분야와 관련된 최
대한의 지식과 경험을 한데 묶어서 구성하였다. 그리고 전공과 학회
활동, 관련 자격증 취득과 연수 과정 그리고 인턴 경험까지 모든 내
용을 품질 관리에 집중하여 경쟁력 있는 요소들을 최대한으로 극대
화하였다.

관련도가 중간 정도 된다면 최대한의 연결 고리를 찾아내는 것
에 집중해야 하겠다. 즉 본인의 직무 경험이 관련도가 높은 경험 못
지 않은 것처럼 보여질 수 있도록 포장을 조금 하는 것이다. 이때는
그 경험을 통하여 얻은 자질, 능력, 잠재력 등의 기능적인 부분에 집
중하여 이런 것들을 바탕으로 지원 업무도 잘해낼 수 있다는 것을
전달하는 작업이 되겠다.

제가 지원한 설계 및 인테리어 분야와 직접적인 관련이 있는 직무
경험은 아직 없습니다. 하지만 여러 아르바이트와 인턴십을 통하여
저의 전공과 관련이 높은 경험을 쌓으려고 노력하였습니다. 그 중에
서도 지난 여름 인천에 위치한 어린이 미술관에서 인턴으로 활동하면
서 각종 전시 콘텐츠 조사와 제작에 참여한 것이 가장 기억에 남습니
다. 이 업무를 맡으면서 콘텐츠 자체도 중요하지만 그것을 담아내는

공간이 전시 분위기를 좌우할 수 있고 그곳을 방문하는 어린이들의 정서에 정말로 큰 영향을 미칠 수 있다는 것을 깨달을 수 있었습니다. 공간을 설계하기 위해서는 가장 기본적으로 공간의 사용자를 가장 먼저 배려하고 이해해야만 최상의 결과를 얻을 수 있다는 것을 배울 수 있었던 좋은 경험이었습니다.

이 지원자는 그저 우연한 기회에 어린이 미술관에서 인턴십을 하였다. 그래서 위 에피소드를 작성할 때에도 지원 분야와 연결시키기 어렵다는 판단에 그저 순수하게 내용만을 작성했었다. 하지만 본인이 가지고 있는 최대 경쟁력 중 하나인 인턴십을 그저 밋밋하게 전달할 수는 없었기에 본격적으로 연결고리를 찾아내기 시작하였고 위와 같이 수정하였다. 당연히 '어린이 미술관에서 인턴으로 활동했던 것'이 '설계 및 인테리어 분야와 가능하면 관련도가 높은 경험을 하기 위한 목적'도 아니었다. 하지만 본인의 관심과 의지를 분명하게 전달하기 위하여 자신이 이렇게 계획했다는 것으로 내용을 포장하게 된 것이다. 이 정도의 연결 고리만 만들어주어도 읽는 사람을 설득하기에는 충분하다.

컴퓨터에 대한 호기심으로 그 동작원리와 구조, 네트워크에 관심을 가지게 되었습니다. 대학교에 입학 후 원하던 공부를 제대로 해보고자 낮에는 학교수업을 저녁에는 컴퓨터 학원에서 컴퓨터와 네트워크에 대해 공부하였습니다. 그 결과 학교에서는 장학금을 받고 학원에서는 여러 가지 프로그램, 운영체제, 네트워크 전반에 대해 배우게 되었습니다. 하루라도 헛되이 보내고 싶지 않다는 마음에 여러 가지를 공부하였고, 새로운 것에 대한 도전을 제가 살아있음을 느낄 수 있는 인생의 즐거움으로 생각하며 살아왔습니다.

위의 샘플처럼 지식으로만 접근하는 방법도 가능하다. 이가 없으면 잇몸으로 부딪치는 것인데 직무 경험이 없거나 다른 활동 등에서 연결고리를 찾기가 어렵거나 어색한 경우에 활용할 수 있겠다. 그나마 지식 하나만은 확실하게 연결할 수 있을 것이다. 이미 기업에서 프로젝트, 학교성적, 수상경력, 논문실적, 동아리 활동까지 에피소드의 범위를 넓혀주지 않았던가? 이처럼 여러분들이 가지고 있는 에피소드는 어떤 방법으로든 연결고리를 만드는 포장이 가능하다. 지금까지 우리가 그 방법을 잘 몰랐을 뿐이다.

필자는 역시 최악의 상황에 대한 방법을 항상 제시한다. 관련도가 낮거나 전혀 관련이 없는 직무 경험이라도 충분히 살릴 수 있다. 또 경우에 따라서는 경험 자체의 impact가 크기 때문에 반드시 작성하고 싶지만 위처럼 기능적인 연결고리를 찾기 어렵거나 아예 지식으로만 어필하기도 버거울 수 있다.

지난 7개월간 CCTV 설치 업체에서 근무하였습니다. 주 업무는 CCTV 설치를 보조하는 것이었는데 회사부터 일반 가정집까지 다양한 장소를 다녔습니다. 생각했던 것보다 일은 훨씬 힘들었지만 사회 생활이 어떤 것인지에 대해서 배울 수 있었습니다. 특히 학생의 신분이 아닌 조직 일원의 신분으로 맡은 일에 대한 책임을 지는 과정을 배울 수 있었습니다. 또한 다른 일원들과 원만하게 일하는 방법도 배웠습니다. 조직이라는 것은 혼자의 힘으로만 이끌 수 없기 때문에 이들과 좋은 관계를 유지하면서 서로 돕는 것이 정말로 중요하다는 것을 깨달았습니다.

위 샘플에서 CCTV 설치 보조 업무를 7개월이나 했던 내용은 꽤 괜찮은 impact를 줄 수 있지만 제대로 살리기가 쉽지 않았다. 그래서 직무 경험 자체에만 집중하기로 하였다. 정당한 대가를 받고 일하는 것은 확실히 학생이라는 신분과는 차이가 있다. 그곳에는 전문가들도 있고 고객들도 있으며 지금까지 경험해보지 못한 새로운 세상이 있다. 이것을 경험해봤다는 것 자체에 집중하면서 맡은 일에 대한 책임을 지는 과정이나 다른 일원들과 원만하게 일하는 방법 등을 배웠다는 식으로 자연스럽게 접근한 것이다. 지원 분야와 관련도는 떨어질 수 있지만 자신이 해본 일이 그러한 것을 어찌하겠는가? 이것이 최상의 방법이다. 이제 막 새로운 사회 생활을 시작할 사람에게는 확실하게 도움을 줄 수 있는 내용이 될 것이다. 다음과 같은 접근은 어떤가?

제가 해보겠습니다

○○에서 인턴으로 일할 당시에 저의 주된 업무는 사소한 사무 업무 지원과 잔심부름이었습니다. 하지만 저는 제가 처한 상황에서 해볼 수 있는 최대한의 일을 하기 위하여 노력하였습니다. 어떤 일이 주어져도 불평하지 않고 빠르게 일을 처리한 후에 다시 새로운 일을

찾아 나서는 능동적인 모습을 보여 주었습니다. 또한 다른 인턴들이 맡기 싫어하는 잔업무도 제가 해보겠다며 자발적으로 나섰습니다. 그렇게 한 달을 보낸 후 선배들과 상사들은 저에게 꽤 비중 있는 업무의 리서치 등을 맡기거나 거래처 방문시 저를 데리고 다니면서 현장 경험을 시켜주었습니다. 기업 내에서 적극적으로 행동하고 맡은 업무를 책임지고 완료하는 방법을 배울 수 있었으며 동료들에게 어떻게 신뢰를 주어야 하는지도 깨달을 수 있었습니다.

여러분들은 입사하면 신입 사원이 된다. 그리고 이렇다 할 직무 경험 없이 신입 사원이 된 사람들은 아무래도 시행 착오를 겪게 마련이다. 따라서 신입 사원으로서의 자세를 배우고 익혔다는 접근도 괜찮을 것이다. 사소한 사무 업무 지원, 잔심부름, 불평하지 않고 빠르게 일을 처리한 경험, 새로운 일을 찾아 나서는 능동적이고 자발적인 모습 등 앞으로 자신이 갖추어야 하는 자세에 대한 경험을 아주 구체적으로 전달하였으며 그것을 통한 결과 역시 보여주고 있다. 샘플에서 주장하는 것처럼 맡은 업무를 책임지고 완료하고 동료들에게 신뢰를 줄 수 있는 사람처럼 보일 수 있을 것이다.

물론 관련도를 이해하기 위해서는 자신의 지식과 경험을 챙기는 것도 중요하겠지만 지원 분야나 직종, 회사가 무슨 일을 하는 것인지를 확실하게 이해해야만 한다. 자기소개서는 그냥 되는대로 쓰고 나중에 면접에 가게 되면 그때 더 많은 정보를 찾겠다는 지원자들은 많은데 안 될 말씀이올시다. 직무 경험도 그렇지만 다음으로 알아볼 동기와 포부에서도 이러한 정보가 아주 적극적으로 활용될 것이기 때문이다.

친절한 포인트 정리

① 관련도가 높은 직무 경험은 최대한으로 극대화하라.

② 관련도가 중간 정도라면 최대한의 연결 고리를 찾아내라.

③ 경험이 부족하다면 지식만으로도 어필할 수 있다.

④ 관련도가 낮은 경우에는 기본적인 자질에 집중하라.

⑤ 신입 사원으로서의 자세를 어필하라.

동기 및 포부

　동기는 기업에서 가장 많은 관심을 보이는 자기소개서 항목이다. 다른 항목의 내용이 다소 밋밋해도 확실한 동기를 보여준다면 마지막 반전을 기대해볼 만하다. 이 동기는 면접에서도 중요해서 인사 담당자, 실무자 할 것 없이 누구나 자기네 회사에 지원한 이유를 궁금해 한다. 높은 사람들은 더하다. 어차피 이전의 여러 면접 과정을 거쳐 지원자에 대해서 충분하게 파악했고 자질이나 적성도 테스트해보았다. 따라서 임원이나 사장 면접 즉 최종 면접에서 그들이 알고 싶은 것은 '왜 자기네 회사를 선택했는지'이다. 회사에 대한 충성도가 높은 이들은 이 질문에 대한 확고한 답변을 들어야만 직성이 풀린다.

여러분들 주위를 둘러보라. 같은 학과에 다니면서 학점과 동아리, 프로젝트, 연수 등 비슷한 배경을 갖춘 친구들이 많을 것이다. 눈을 조금 더 크게 뜨면 여러분들이 다니는 학교와 비슷한 레벨의 다른 학교에서 같은 전공을 하고 있는 학생들과 경쟁해야 한다. 그렇다. 스펙으로만 점수를 매긴다면 정말 우열을 가리기 어려울 것이다. 거기에다가 둘 다 자기소개서를 잘 작성했다고 치자. 누가 더 나은가? 동기에서 판가름이 날 것이다. 어차피 비슷한 배경과 자질을 갖추었다면 지원 회사에서 일하고자 하는 이유가 조금이라도 더 명확한 지원자에게 기회를 주는 것은 너무나도 당연한 일일 테니까.

신세계

- 지원동기 및 포부.

LG상사

- 희망직무 선택에 대한 동기와 VISION.

롯데그룹

- 지원동기(회사를 지원하게 된 동기를 입력하세요).
- 입사 후 포부(입사 후 포부를 입력하세요).

SK

- SK에 지원하게 된 동기와 희망직무 및 그 이유에 대해 서술하십시오.

태평양

- 입사지원 동기 및 귀하가 지원한 직무를 성공적으로 수행할 수 있는 이유를 서술하시오.

기업은행

- 많은 직업 중에서 은행원을 선택한 이유와 특히 IBK기업은행을 지원한 동기에 대해 기술하여 주십시오.

동부그룹

- 우리 회사에 지원하게 된 동기는 무엇이며, 입사 후 어떻게 성장해 나갈 것인지 기술하십시오.

LG전자

- 본인의 10년 후 계획에 대하여: 본인의 10년 후 계획에 대해서 서술하십시오(10년 후 모습이나 바라는 꿈).

• 5~10년 후에 귀하의 경력 목표는 무엇이며, 그것을 추구하는 이유
  를 서술해 주십시오.

하지만 대부분의 여러분들은 동기를 가지고 있지 않다. 진짜 솔직하게 딱 까놓고 말해서 내가 지금 지원하는 회사에 대한 명확한 이유를 갖춘 사람 손 들어봐라. 몇 명 되지 않을 것이다. 앞에서 알아본 자기소개부터 직무 경험까지는 지난 수년간의 모든 활동이나 경험을 탁탁 털면 그래도 에피소드 몇 개는 건질 수 있다. 하지만 이 동기는 그런 식으로 포장해서 될 일이 아니기 때문에 더욱 골치가 아프다.

동기는 지원 직무에 대한 동기와 지원 회사에 대한 동기로 나눌 수 있다. 위의 항목에서도 나와있듯이 기업마다 집중하는 부분에 조금씩 차이가 있다는 것을 알 수 있다. 따라서 일차적으로는 항목에서 조금 더 관심을 보이는 부분에 집중하여 '희망직무 선택에 대한 동기' 혹은 '회사를 지원하게 된 동기'로 내용을 구성하면 되겠다. 물론 가장 좋은 것은 지원 직무를 선택한 이유를 먼저 제시한 후에 그 일을 왜 이 회사에서 하고 싶은지를 기술하는 것이다. 예를 들어서 지원 직무가 마케팅이라면 그 일은 어떤 회사에서도 할 수 있다. 하지만 왜 그걸 꼭 굳이 이 회사에서 해야만 하는지는 진정한 동기가 있는 지원자만이 설명할 수 있기 때문이다.

하지만 필자가 누구인가? 명확한 동기를 갖추지 못했어도 자연

스럽게 풀어갈 수 있는 방법을 다 마련해 놓았다. 걱정하지 말고 여러 샘플들을 통하여 천천히 알아보자.

일단 상대적으로 작성이 쉬운 직무에 대한 동기부터 풀어보자. 대부분의 여러분들은 기업에 지원할 때 지원 직무는 변경하지 않고 기업만 바꾼다. 물론 경우에 따라서는 지원 직무가 2~3가지인 경우도 있겠지만 내가 왜 이 일을 하고자 하는지에 대한 이유들은 비교적 쉽게 생각해낼 수 있을 것으로 믿는다.

식품 영양학을 전공했기 때문에 졸업하면 당연히 영양사가 되어야 한다고 생각하였습니다. 그리고 영양사에는 어떤 종류가 있고 어떠한 방법으로 될 수 있는지에 대해서도 그다지 깊이 생각하지 않았습니다. 하지만 학년이 올라가면서 관련 분야를 깊이 공부할 수 있게 되었고 일반적으로 알고 있는 급식 영양사 이외에도 영양 상담을 주업무로 하는 임상 영양사라는 직종이 있다는 것을 알게 되었습니다. 그 후에 저는 임상 영양사를 제 진로로 결정하고 관련 수업에 열심히 임하는 한편 세미나에도 적극적으로 참여하였습니다. 그러다가 작년 겨울 방학에 우연한 기회로 ○○병원의 임상 영양팀에서 1달간 봉사 활동을 하게 되었습니다. 그 동안 이론적으로만 배웠던 것이 실무에서 어떻게 활용되는지 눈으로 직접 확인할 수 있었습니다. 특히 임상 영양사가 더 좋은 결과를 얻기 위하여 끊임없이 연구하고 학습해야 하는 발전적인 특성을 갖춘 직종이라는 점에 더 많이 끌리게 되었습니다.

하지만 무작정 내가 배운 것이 이것밖에 없어서 이 일을 하고 싶다는 식으로 접근하는 것은 아니다. 어떤 상황에서든 내가 먼저 관심을 보였다는 것을 알리는 것이 중요하다. 교수님이 추천했다거나 지원 회사에 다니는 선배가 권유했다거나 채용 설명회를 보고 관심을 가졌다거나 하는 등의 동기는 너무 약하다. 적극적이고 능동적인 행동이 결여되어 있다. 이런 내용을 자연스럽게 포장하려면 위의 샘플처럼 내가 먼저 관심을 가지고 있었고 세미나에도 적극적으로 참여하였고 병원에서 봉사 활동도 하였다는 식으로 접근해야만 한다.

만약 이 지원자가 이러한 부분에 조금 더 신경을 썼더리면 처음부터 임상 영양사라는 직종을 알고 거기에 맞춰서 계획을 차근차근 세웠다는 식으로 조금 더 강한 동기를 어필할 수 있었을 것이다. 만약에 그렇게 했다면 최초 급식 영양사로 방향을 잡았었다는 3줄 정도의 내용을 삭제하고 임상 영양사를 위하여 자신이 어떤 식으로 계획했는지를 더 상세하게 알려줄 수 있었을 것이다. 나의 관심이 언제 생겨났던 상관없이 무조건 제일 앞에 두는 것이 직무에 대한 동기에서는 중요하다.

동기의 가장 최신 트렌드는 뭐니뭐니해도 자신의 능력이나 자질에 기반하여 접근하는 것이다. 이것이 직무와 회사를 연결하는 가장 확실한 방법이다.

C언어 수업을 들으면서 프로그래밍 언어를 처음 접하게 되었고 이것은 새로운 IT분야에 대한 저의 시야를 열어주는 계기가 되었습니다. 또한 작년 겨울 ○○라는 IT 관련 회사에서 아르바이트를 하며

○○프로그램을 직접 활용하여 매뉴얼 데이터베이스를 구축해보기도 하였습니다. 무엇보다도 제가 희망하는 직무인 SI에 잘 맞는 논리적이고 분석적인 성격을 갖추고 있습니다. 귀사는 국내 IT시장을 선도하는 기업으로 실생활과 밀접한 U-Healthcare를 성공적으로 구축하였습니다. 이에 저는 귀사의 의료 서비스에 집중하여 보다 다양한 서비스를 개발하고 발전시켜 귀사가 이 분야에서도 1위 업체가 되는 데 중추적인 역할을 담당할 것입니다.

지원 회사와의 인연이 없다고 하더라도 분석만 잘하면 충분히 맞춰갈 수 있다. 여기에서 분석이라 함은 '내가 무엇을 할 수 있는지'와 '지원 회사에서 무엇을 원하는지'이다. 여러분들은 경력이 없으니까 능력이나 기술보다도 잠재력을 통하여 '내가 무엇을 할 수 있는지'를 알릴 수 있는데 그것은 지식, 활동, 경험 등에서 두루두루 찾을 수 있다. 그리고 지원 회사는 무엇을 하는 회사이고 내가 지원하는 분야는 무슨 일을 하는지를 분석하여 '지원 회사에서 무엇을 원하는지'에 맞추면 되는 것이다.

하지만 여기에서도 구성상 문제점은 있다. 위의 샘플을 보면 수업을 들은 내용이나 아르바이트 내용으로 증거를 제시하고 있는데 동기 이전의 다른 항목에서 이러한 내용을 충분히게 다룰 수 있는 항목이 없었는지를 생각해봐야 할 것이다. 무슨 말인고 하니 사회 활동이나 직무 경험 등의 항목에서 이러한 내용을 다루었다면 이것보다는 훨씬 더 구체적인 내용을 기술할 수 있었을 깃이고 그만큼 더 많은 잠재력을 전달할 수 있었을 것이다. 이렇게 중요한 증거를 동기에 넣으니까 글자 수 제한 때문에 내용이 상당히 찌그러져 보이고 또 급마무리를 하고 있다는 느낌마저 든다.

산업 공학을 전공하면서 품질 프로세스, 최적화, 효율화에 대한 지식을 중점적으로 학습하였습니다. 또한 다양한 활동을 통해 얻은 의사 소통 능력, 상황 대처 능력과 유연성은 품질 관리 직무를 수행하는 데 많은 도움이 될 것입니다. 저는 품질 관리를 통해 생산 시스템의 최적 효율화를 이루고 싶습니다. 최종 제품을 검시하는 것뿐 아니라 불량이 발생하는 단계를 찾아 생산 시스템의 인풋과 아웃풋을 정확히 파악하고 개선 요소들을 선정한 후 개선 활동을 통해 대위S의 생산 라인이 한 단계 체질개선이 이뤄지도록 하고 싶습니다.

이 지원자는 동기 이전의 다른 항목에서 관련 지식과 경험을 충분하게 다루었다. 산업 공학 전공에 대한 에피소드와 다양한 활동에 대한 증거를 모두 제시하였기 때문에 동기에서는 이를 다시 언급하면서 '내가 무엇을 할 수 있는지'를 '지원 회사에서 무엇을 원하는지'에 확실하게 적용할 수 있는 것이다. 품질 프로세스, 최적화, 효율화에 대한 지식과 의사 소통 능력, 상황 대처 능력과 유연성 등이 바로 적용 부분이다. 그리고 그것을 바탕으로 품질 관리를 통해 생산 시스템의 최적 효율화를 이루고 싶다는 이유를 제시하고 있다. 이러한 이유 때문에 자기소개서는 각각의 에피소드뿐만 아니라 전체적인 구성도 항상 염두해 두어야 하는 것이다.

　회사에 대한 동기를 작성함에 있어서 가장 형편없는 접근은 지원 회사의 정보만을 나열하거나 상식 수준의 정보로 일관하는 경우이다.

　1947년에 설립된 이래 현재까지 의료장비 사업부터 발전 사업까지 세계적인 전기 전자 기업인 ○○○의 산업 기술뿐만 아니라 친환경 기술에 대한 연구 개발 노력은 항상 제가 닮고 싶은 모습입니다. 특히 1960년에 진출하여 선진 기술과 다양한 투자 개발 활동에 앞장선 ○○○는 대학원에 입학한 후 졸업할 때까지 제가 일하고 싶은 1순위 기업이었습니다. 제 목표를 이루고자 전공 공부, 영어 공부 등 다양한 노력을 하였습니다.

　위와 같은 접근은 정말로 많다. 지원 회사가 업계 1위의 기업이라서 혹은 이름만 대면 누구나 아는 회사라서, 그래서 지원한다는 식의 접근인데, 이것만 가지고서는 주어진 칸을 다 채울 수 없기 때문에 그냥 지원 회사의 일반적인 정보로 구색을 맞추는 것이다.

　저는 컴퓨터 교육을 전공했습니다. 컴퓨터 교육의 최대 화두는 정보 기술을 교육에 접목시켜 더 나은 사회를 구현하는 것입니다. 저는 앞으로 유비쿼디스화가 될 교육 분야에서 최고의 능력과 가지를 지닌 사람이 되고 싶습니다. LG CNS는 우리 나라의 IT산업을 선도하고 있으며 컨설팅 부분에서 뛰어난 능력을 가진 것으로 알고 있습니다. LG CNS는 이런 저의 꿈을 이루어줄 것이고 저는 LG CNS를 통해 저의 꿈을 이루어 회사와 사회에 큰 보탬이 되는 사람이 되고 싶습니다.

이것 역시 상식 수준을 벗어나지 못하는 동기이다. 뭔가 그럴싸한 내용을 쓴 것 같지만 위의 두 샘플에서 명확한 동기는 존재하지 않는다. 누가 보아도 지원하려는 이유가 없어서 이렇게 일반적인 수준의 내용을 작성했다고밖에 보지 않을 것이다. 결정적으로 이러한 포장 방법은 아주 예전의 트렌드이다.

> 포스코와 저는 외유내강의 소유자입니다. 포스코는 제철소에서 뜨거운 용광로를 기반 삼아 어느 것보다도 강한 철강을 생산하지만 대외적으로는 사회 봉사나 기타 사회 공헌을 통하여 어느 기업보다 부드러운 이미지를 제고하고 있습니다. 저 역시 학창 시절 임원이나 학생 대표로 활동할 당시 저의 맡은 바 임무에 최선을 다하여 열정적으로 임했던 한편 대인 관계에 있어서는 편한 친구, 선배, 후배로서 사람들에게 친근하게 다가갔습니다. 이러한 동질적인 이미지는 제가 포스코에서 근무할 때 가장 큰 시너지 효과를 낼 수 있다고 생각합니다.

위 샘플은 기업과 자신과의 궁합을 맞춰본 동기이다. 위와 같은 포장법이 몇 년 전까지는 그래도 그런대로 먹혔다. 하지만 인재상에 맞추는 자기소개서가 트렌드화되면서 동기에서 궁합을 맞추는 것 역시 진부한 방법이 되어버렸다. 앞선 항목에서 이미 모든 궁합을 다 맞춰버렸기 때문에 동기에서 추가적인 노력을 할 필요가 없게 된 것이다. 그래서 지원자들은 자신의 작은 경험에서 동기를 찾아내기 시작했다.

하지만 단순하게 지원 회사의 제품이나 서비스를 사용해봐서 관심을 가지게 되었다는 식의 접근은 설득력이 떨어질 수 있다. 가족이나 지인 중에서 지원 회사에 다니는 사람이 추천해 주었다는 내용 역시 본인의 의지가 약하다는 점에서 포장이 필요할 것이다. 할머니께서 당뇨병으로 고생을 하셨는데 지원 회사의 약으로 건강을 되찾으셨고 그때부터 지원 회사에 관심을 가지게 되어서 나름대로 조사하고 꾸준한 애정을 키워왔다는 식의 자연스러운 내용이 필요할 터이다. 하지만 이것도 특별한 경험을 해보지 않았다면 접근하기 어려운 방법이다.

최고의 품질관리 전문가

항상 자동차 분야에 큰 관심을 가지고 있었지만 완제품이 아닌 부품 시장에 처음부터 익숙하지는 않았습니다. 하지만 첨단 시스템을 통한 높은 기술력, 시장의 규모 그리고 미래의 발전 가능성을 현대모비스에서 발견한 이후 저의 관심은 완제품이 아닌 부품 시장으로 옮겨지게 되었습니다. 그 이후 저는 현대모비스에 입사한 학과 선배를 찾아가서 귀사의 경쟁력을 확신하게 되었고 귀사가 품질 분야에 많은 관심을 쏟고 있다는 것을 알게 되었습니다. 품질경영, 신뢰성 공학, 6 시그마 등의 선공 수업을 통하여 관련 지식을 갖추었습니다. 또한 누구보다 이 시장에 대한 열정이 있습니다. 이를 바탕으로 한 데이터 활용 능력과 분석 능력을 최대한으로 발휘하여 적어도 품질 분야에서만큼은 현대 모비스가 이 분야에서 최고가 될 수 있도록 일하고자 합니다.

회사에 대한 동기를 강조하기 위해서는 직무에 대한 동기로 증거를 제시한다는 기분으로 위의 샘플과 같이 구성해보자. 먼저 회사에 관심을 가지게 된 이유를 설명해주고 입사 목표를 이루기 위하여 관련 지식과 경험을 하였다는 식의 접근이다. 이 지원자는 원래 완제품 시장에만 관심이 있었고 그것을 위하여 지식과 경험을 쌓았다. 하지만 더 많은 채용 가능성을 열기 위하여 부품 시장에도 관심을 가지게 되었고 자신의 쌓은 지식과 경험이 부품 시장에도 적절하다는 것을 알게 되었다. 그래서 새롭게 만들어낸 '회사에 대한 동기'에 나의 '지식과 경험'을 자연스럽게 연결하여 전혀 새로운 동기를 작성하기에 이르렀다.

다음과 같이 자신의 상황이나 경험에 맞게 회사에 대한 동기를 만들어내는 방법도 있다.

미국 어학 연수 시절 자동차를 구매하러 현대차 딜러를 방문한 경험이 있습니다. 하지만 대부분의 딜러들이 자신이 판매하는 현대차의 사양과 장점 등은 제대로 알지 못한 채 오직 가격으로만 고객에게 접근하고 있다는 것에 놀라움을 금치 못했습니다. 이 경험은 저에게 자랑스러운 대한민국 대표 브랜드인 현대자동차의 영업을 책임지고 말겠다는 열망을 불어 넣어주었습니다. 그 이후 저는 현대차 그룹에 근무하는 친척 형을 조르고 졸라서 캘리포니아에 위치한 현대차포트를 방문하였습니다. 딜러로 나가기 전 수천 대의 자동차가 준비된 광경은 현대자동차에 입사하고자 하는 저의 각오에 불을 지폈습니다.

이 지원자가 어학 연수 시절 현대차를 구입한 것과 캘리포니아에 위치한 현대차포트를 방문한 것은 사실이다. 하지만 원래는 딜러와 아무런 문제도 없이 차량을 구매했고 현대차포트 역시 친척 형이오라고 해서 그저 수동적으로 방문했을 뿐이었다. 현대자동차의 자기소개서를 위해서 적절한 동기를 만들던 중 자신의 경험을 찾아냈고 위와 같이 적절하게 포장하게 되었다. 지원 회사의 제품에 대한 경험에 극적인 요소를 추가하고 그 경험이 더 큰 관심과 애정으로까지 발전했다는 것을 극대화한 것이다.

포부도 일반적인 정보를 나열하는 경우가 상당히 많다.

저는 IT 산업이 21세기에 반드시 필요한, 없어서는 안 될 공기와 같은 산업이라고 생각합니다. 저는 그런 IT산업에 저의 꿈을 심었고 그 꿈을 이루기 위해 필요한 IT능력을 확보했습니다. 꿈을 가진 자는 못 먹어도 배부르고 자지 않아도 건강하며 쉬지 않아도 지치지 않습니다. 저는 주위 사람을 돌아볼 줄 알고 이기적이지 않으며 남의 말을 경청하고 의사 소통 능력이 뛰어납니다. 싸우지 않고 나의 의견에 동의하도록 설득시킬 수 있고 동기 부여할 수 있습니다.

이런 샘플은 뭐 필자가 굳이 설명하지 않아도 될 정도로 막 작성되었다. 그래서 나름대로들 다음 정도로 포장을 시도하지만 역시 충분한 정보를 가지고 있지 못하기 때문에 더 나아 보이지는 않는다.

자신의 이익만을 생각하는 것이 아니라 자신의 이익과 전체의 균형을 생각하고 행동할 수 있는 그런 넓은 시야를 가진 인간이 되고 싶다고 생각합니다. 저는 항상 진취적인 자세를 유지하겠습니다. 남은 학생 생활도 그리고 지금부터 시작될 사회인 생활에 있어서도 '매사 긍정적 인생'이란 저의 좌우명처럼 무슨 일이든 긍정적인 사고로 도전해가면 장래 자신에게 있어서 반드시 좋은 결과를 가져다 줄 것이라고 생각합니다. 또한 사회에 나가면 모든 것이 처음부터 시작되는 것이므로 '천리길도 한 걸음부터'라는 겸허한 마음을 가지고 이전보다도 더 많은 포부를 갖는 자세로 일에 몰두하고 싶습니다.

그래서 지원자들은 조금씩 더 구체적인 포부를 실명하기 시작했는데 그것은 바로 본인의 career map을 그리는 방법이었다.

흐르는 물은 썩지 않는다라는 말처럼 그저 현실에 안주하는 자는 도태될 수밖에 없다고 생각합니다. 언제나 미래를 내다보며 남들보다 한 걸음씩 더 나아가도록 노력할 것입니다. 흔히 생각하기에 여러 가지 금융 자격증을 따고 좋은 환경으로 옮기는 것이 경력 개발이라고 할 수 있겠지만 저는 우선 처음에는 회사의 업무를 배우고 현장에서 고객들을 만나며 저의 부족한 점을 느끼겠습니다. 제가 어디가 얼마나 부족한지를 확실히 알고 난 후에 선배님들의 가르침을 받으며 부단히 회사와 저를 발전시켜 나가겠습니다.

기업은 항상 자신을 계발하고 보완하는 사람을 원하고 있다고 생각합니다. 따라서 입사 후에 저는 먼저 저의 임무에 가능한 빠른 시간 내에 익숙해질 수 있도록 개인 시간까지도 기꺼이 투자할 것입니다. 또한 귀사에서 원하는 글로벌 인재의 조건을 갖추기 위하여 영어는 물론이고 기타 외국어 공부에도 힘쓸 것입니다. 업계의 트렌드 또한 누구보다 빠르고 정확하게 파악할 수 있도록 관련 분야에 대한 서적 및 신문을 꾸준하게 읽으면서 연구하겠습니다. 결국 제 자신의 발전이 한화 갤러리아의 발전으로 연결될 수 있도록 최선의 노력을 다할 것입니다.

이처럼 입사 후 업무를 익히고 자기계발을 통하여 자격증을 취득하고 외국어 공부를 하는 등의 과정을 구체적으로 기술하여 앞으로의 career를 준비하고 있다는 인상을 심어주게 되었다. 하지만 이것은 지원 회사의 이름을 다른 회사로 교체해도 말이 된다는 점에서 문제가 있었다. 그래서 다음의 샘플과 같이 응용된 내용이 나오기 시작했다.

대우 엔지니어링에 입사 후 대우 엔지니어링의 교육 인프라를 바탕으로 빠른 업무 파악을 통해 상사의 업무를 보조해 줄 수 있는 사원이 될 수 있도록 노력하겠습니다. 또한 기계 설계 분야의 직무를 담당하려면 기계에 대한 많은 이해가 필요하므로 입사 후 일반 기계기사 자격증 취득, 기계의 정확한 이론, 이해를 익혀 적합한 기계 설비를 시공해 나가는 데 노력할 것입니다. 고객의 다양한 요구를 만족하게 해 주려고 머리로만 생각하지 않고 발로 뛰며 고객들과 함께히는 엔지니어가 되겠습니다. 고객들이 '대우 엔지니어링은 곧 고객의 요구에 순응하는 기업'이라는 소리를 자주 듣게 하겠습니다. 대우 엔지니어링을 세계 플랜트 업계에서 빛나는 기업으로 만들 수 있도록 노력하겠습니다.

Career map에서 그리는 포부는 일반적인 포부뿐만 아니라 5년 혹은 10년 후 career를 설명하는 데도 괜찮았다. 하지만 이제 막 회사에 입사하는 입장에서 지금으로부터 5년이나 10년 후를 그린다는 것 자체가 쉽지 않다. 뭔가 구체적인 과정을 설명해야 하는데 경험해본 것이 없기 때문에 어려웠다. 또 직원들의 평균 근속 연수가 줄어들면서 기업들은 지원자들의 단기적인 목표로 눈을 돌렸다. 5년 혹은 10년 후에도 이 지원자가 자신들과 함께 할거라는 보장이 없기 때문이다.

그래서 지원자들은 애매하거나 불확실한 정보를 바탕으로 career map을 그리는 것보다는 내가 확실하게 알 수 있는 신입 사원의 입장에서 단기적인 목표를 알리는 방법을 선택하게 되었다.

단지 공부하는 것이 재미있어서 시작한 반도체였지만 반도체를 연구하는 공학도로서 큰 자부심이 생겼고 연구를 통해 사회에 큰 기여를 하고 싶은 인생의 목표가 생겼습니다. 또한 저에게는 세계의 반도체 시장을 주도하고 있는 ○○○에 입사하여 동료들과 협력, 경쟁을 통해 회사의 가치와 나의 가치를 상승시키며 인류에 기여하고 싶은 도전 목표가 있습니다. 이러한 목표를 위해 준비된 인재임을 약속드리며 다음과 같은 구체적인 약속을 드리겠습니다. 첫째, 매일 30분 일찍 출근하여 빠르게 업무에 적응하도록 하겠습니다. 먼저 준비하여 먼저 배우고 행동할 것입니다. 둘째, 첫 6개월간 제 월급의 30%는 상사 및 동료들과 좋은 관계를 맺기 위하여 투자할 것입니다. 회사 동료들 간의 두터운 신뢰감을 바탕으로 선배님들의 노하우를 빨리 전수받을 것입니다. 셋째, 한 달에 한 권 이상의 교양 서적 읽기를 통해

넓은 사고와 안목을 기르겠습니다. 이러한 구체적인 약속들을 통해 현재 어려움에 처한 우리나라의 반도체 산업이 위기에서 벗어나 지속 가능한 세계 일류 산업으로 자리매김하도록 앞장서겠습니다.

응용된 포부 중에서 '입사 후의 목표를 이루기 위하여 어떻게 노력할 것인지'를 묻는 항목들이 생겨났는데 이런 항목에는 위와 같은 샘플이 딱이었다. 단기적인 계획이면서도 구체적이다. 그런데 여러분들도 알다시피 잘 작성된 자기소개서는 많은 지원자들이 베낀다. 위와 같은 구성 역시 정말로 많은 지원자들이 그대로 활용하기 시작했고 기업은 또 이런 구성에 식상함을 느끼게 되었다.

동기에서 '내가 무엇을 할 수 있는지'를 '지원 회사에서 무엇을 원하는지'에 적용한 것처럼 포부에서는 '나의 장/단기 계획'을 '지원 회사의 사업/비전/방향'에 적용하는 것이 가장 확실한 방법이다.

○○의 미래는 여전히 밝습니다

장기화되는 세계 경기 침체로 자동차의 수요는 감소하고 있지만 지금이야말로 가격 대비 뛰어난 성능을 자랑하는 ○○에게는 최고의 기회라고 생각합니다. 귀사가 양산을 준비하고 있는 하이브리드 자동차를 중심으로 펼쳐나갈 지속 가능한 경영 및 품질 경영과 함께하고 싶습니다. 또한 고급 차량의 생신량 증가와 불량률 최소화를 이루어 귀사가 목표로 하고 있는 내수 시장의 점유율을 상승시키고 해외 이미지 개선을 제고하는 데 저의 미래를 걸겠습니다. 산업 공학 전공자로서 관련 지식과 6시그마 등을 활용할 것이고 공정 개선과 품질 관리를 위하여 노력하고자 합니다.

'나의 장/단기 계획'을 '지원 회사의 사업/비전/방향'에 적용하는 것이 어렵게만 느껴진다면 '지원 회사의 사업/비전/방향'에서 나의 '나의 장/단기 계획'을 찾는 것은 어떨까? 순서를 바꾼 것뿐이지만 훨씬 더 쉬운 방법이 될 수 있을 것이다. 지원 회사가 현재 진행하고 있는 또 앞으로 진행할 사업은 엄청나게 많으니까 그 중에서 내가 해봄직한 것을 하나 정도는 찾아낼 수 있을 것이다. 여기에서 내가 해봄직한 것이란 동기를 위하여 작성했던 나의 능력과 자질, 전공, 경험, 활동 등에 기반을 두고 있는 것이겠다. 그 다음에 거기에다가 숟가락만 살짝 얹어서 회사와 함께 가겠다는 식으로 나의 계획을 그럴싸하게 설명하는 것이다. 순서야 어찌됐든 읽는 사람이 '나의 장/단기 계획'이 '지원 회사의 사업/비전/방향'에 자연스럽게 적용되었다고만 느끼면 되는 것이다.

위 샘플은 지원 회사가 준비하고 있는 '하이브리드 자동차를 중심으로 펼쳐나갈 지속 가능한 경영 및 품질 경영'에 나의 숟가락을 살짝 얹어 놓았다. 그리고 그 사업을 위하여 지원 회사가 필요한 '고급 차량의 생산량 증가, 불량률 최소화, 내수 시장의 점유율 상승, 해외 이미지 개선 제고' 등을 언급하면서 자신은 그와 같은 목표를 함께 이룰 수 있는 지식과 경험이 있다고 말하는 것으로 마무리하고 있다.

세계 유일의 분단 국가라는 우리 나라가 처한 상황을 고려할 때 특수 장비 분야는 앞으로도 꾸준하게 발전 및 지속될 것이라고 생각합니다. 그 중에서도 발전 가능성이 무한한 WIA의 특수 장비 사업에 큰 매력을 느껴 지원하게 되었습니다. 귀사가 첨단 무기 체계의 독자적인 개발 능력을 확보하고 방위 산업 기반을 확충해 나가기 위해서는 국방 R&D 역량을 강화해야 할 것입니다. 기계공학 전공으로 장비를 이해할 수 있고 다양한 해외 경험을 바탕으로 해외의 첨단 기술을 자연스럽게 익힐 수 있다는 이점을 활용하여 귀사가 최신형 특수 장비를 독자적으로 개발하는 데 중추적인 역할을 수행하는 엔지니어가 될 것입니다. 주어진 업무에 책임을 다하면서 특수 장비 관련 분야에 필요한 자격증을 취득할 것입니다. 또한 회사 내에서 주어지는 해외 연수 등의 기회를 잘 살려서 선진 기술을 배워 적용할 수 있도록 할 것입니다. 궁극적으로 귀사의 모든 직원과 우리 나라가 믿을 수 있는 장비를 개발하는 핵심 연구원으로 성장하겠습니다.

이 지원자도 동일한 방법을 활용하여 포부를 구성하였다. 먼저 지원 회사의 특수 장비 사업을 골랐는데 아무래도 자신의 배경과 자질을 보았을 때 이 분야가 숟가락을 얹기 가장 좋았을 것이다. 그런 후에 그 사업이 나아가야 할 방향과 목표 등을 언급하면서 자신이 그것에 일조할 수 있는 배경을 갖추었다는 것으로 충분한 증거를 제시하고 있는 것이다.

물론 이런 방법이 쉽지는 않다. 하지민 앞에서도 언급했듯이 면접을 통하여 최종 합격을 하려면 어차피 기업을 분석해야 한다. 그것을 조금 앞당겨서 분석한 내용으로 자기소개서를 작성한다면 서류 전형의 합격률도 높이면서 더 많은 가능싱들을 열어갈 수 있을 것이다. 하지만 분석한 내용에 오류가 있다면 '지원 회사의 사업/비전/방향'을 정확하게 알지 못한 상태에서 '나의 장/단기 계획'을 적용하는 꼴이 되기 때문에 어떠한 경쟁력도 전달하지 못할 것이다.

기본적으로 기업의 홈페이지를 방문하여 기업의 비전이나 목표를 찾은 후에 최소한 1년 전까지의 관련 신문 기사를 찾아서 읽어라. 그렇게 하면 최초 기업이 세운 목표를 이룩하기 위하여 1년간 어떤 과정을 거쳤는지 이해할 수 있을 것이다. 또 사회적인 상황이 변수가 되어서 목표가 바뀌는 경우도 많다. 경기 상황이 좋지 않으면 목표를 재설정하게 되는데 CEO 신년사나 CEO 메시지 등의 변화로도 알아낼 수 있고 기업의 사보나 최신 기사 등을 통해서도 파악할 수 있을 것이다.

동기에서 반전은 시도하지 말라. 자동차 회사에 지원하면서 자동차에 대한 관심을 아주 적극적으로 어필했던 한 여학생이 컨설팅 후에 필자에게 이렇게 말한 적이 있다. '저, 선생님 그런데 면허증이 아직 없는데 어떡하죠?' 식스센스 이후에 최고의 반전이었다. 이런 일도 있었다. 해외 사업에 지원하는 학생이 신나게 글로벌 인재임을 강조한 이후에 추가 질문이 있다면서 묻더라. '근데요, 토익이 600점이거든요.' 갑자기 기운이 쫙 빠진다.

필자가 말하고자 하는 것은 동기 및 포부에서의 주장과 자신의 증거가 일치해야 한다는 것이다. 그래야 마지막까지 힘을 잃지 않고 자신의 경쟁력을 끝까지 전달해줄 수 있을 것이다.

① 동기의 여러 트렌드를 파악하라.

② 지원 회사나 직종에 대한 관심을 극적으로 포장하라.

③ 자기소개서의 전체 구성을 파악하여 동기와 포부 이전에 충분한 경쟁력을 전달할 수 있도록 하라.

④ '내가 무엇을 할 수 있는지'를 '지원 회사에서 무엇을 원하는지'에 적용하여 동기를 전달하라.

⑤ '나의 장/단기 계획'을 '지원 회사의 사업/비전/방향'에 적용하여 포부를 만들어라.

대기업 자기소개서 초전박살

까다로운 항목의
구체적인 작성법

STEP 1» 기본적인 항목 구성법

STEP 2» 항목의 개수가 적은 경우 구성법

STEP 3» 글자 수 압박이 심한 경우 구성법

STEP 4» 역량 기술 작성

STEP 5» 성공/실패 사례(성취감, 어려움, 극복 등)

STEP 6» 경쟁력 및 특기 사항

STEP 7» 정직/윤리

STEP 8» 갈등 해결

STEP 9» 창의

STEP 10» 글로벌 감각

STEP 11» 변화, 개선, 혁신

STEP 12» 기타 항목

필자가 하고많은 기업들의 자기소개서 중에서 하필 대기업의 자기소개서를 선택한 이유는 대기업이 취업의 모든 트렌드를 주도하기 때문이다. 대기업이 새로운 면접을 채택하거나 채용 방식을 적용하면 그 이하의 기업들도 그것들을 시도하게 된다. 따라서 대기업이 만들어내는 취업 방식이나 트렌드 등을 정확하게 이해하게 되면 어떤 기업들의 채용 변화에도 빠르게 적응할 수 있을 것이다.

지금까지 우리가 알아보았던 인재상에 맞추는 방법이나 에피소드를 포장하는 방법 등 역시 대기업이 주도한 변화였다. 거기에 맞춰서 기본적인 항목의 트렌드와 작성법을 알아보았다. 그리고 그 마지막 응용 단계로 자기소개서의 까다로운 항목을 작성하는 방법을 알아보려고 한다.

까다로운 항목은 가장 최근에 생겨난 변화임과 동시에 기업들이 얼마든지 다른 방식으로 응용할 수 있는 항목이기 때문에 단순하게 트렌드만 좇아서는 작성하기 어려울 것이다. 질문을 충분하게 이해하고 기업들이 이러한 질문으로 무엇을 보기 위한 것인지를 파악해야 하며 글쓰기 자체에도 조금은 집중을 해 주어야 한다.

까다로운 항목은 1~2개의 항목이 어려워서 문제가 생기는 경우도 있고 항목의 구성 자체가 다루기 까다로운 경우도 있다. 앞에서 우리는 여러 기업의 항목도 알아보았고 기본적인 항목이 어떻게 분류되는지도 검토해보았다. 이것을 기반으로 우리가 배웠던 모든 작성법을 적절하게 활용하면서 까다로운 항목을 어떻게 풀어나갈 수 있는지 알아보도록 하자.

기본적인 항목 구성법

가장 기본적인 항목을 가진 자기소개서는 앞에서도 잠깐 보았다. 그때는 인재상을 알아보기 위하여 단순하게 검토만 한 것뿐이었는데 사실은 이 기본적인 항목도 경우에 따라서 까다롭게 느껴질 수 있다.

삼성 SAMSUNG

- 자기소개: 자신이 회사에 필요한 사람임을 보일 수 있도록 자신에 대해 좀더 자세히 적어 주십시오.
- 장점.
- 보완점: 직무수행과 관련하여 자신의 장점과 보완점을 말씀해 주

십시오.

- 지원동기 및 포부: 자신의 지원동기 및 포부에 대해 말씀해 주십시오.

롯데그룹 LOTTE

- 지원동기(회사를 지원하게 된 동기를 입력하세요).
- 성장과정(자신의 성장과정과 가족사항 등을 입력하세요).
- 사회 활동(교내과외활동경력, 동아리 활동, 봉사 활동, 해외연수, 기타 사회 활동을 입력하세요).
- 직무 경험(직무 경험을 입력하세요).
- 입사 후 포부(입사 후 포부를 입력하세요).

한화개발 Hanwha

- 성장과정.
- 특기분야 및 장단점.
- 사회생활 및 연수경험.
- 개인비전 및 지원분야와 연관성.
- 입사 후 포부.

대우 인터내셔널 DAEWOO INTERNATIONAL

- 성장과정 및 자기소개.
- 교내활동 및 자기개발.
- 대외활동(인턴, 봉사 활동, 사회경험 등).
- 지원동기 및 입사 후 포부.

GS건설 GS건설

- 자기소개(성장과정, 성격의 장점 및 보완점 등).
- 학교 생활에 대하여(동아리/학회/리더경험).
- GS건설 지원동기(본인의 역량과 연관 지어 기술).
- 희망 직무 및 입사 후 포부.

신세계 신세계

- 성장과정: 자기에 대한 소개.
- 지원동기 및 포부.
- 성격상의 장단점.
- 살아오면서 중요했던 일.

한솔 Hansol

- 성장과정.
- 성격의 장단점 및 특기.
- 지원 동기 및 희망 직무, 입사 후 포부.
- 특기사항(사회 활동 및 서클활동 / 해외 연수 경험 등).

넥센 타이어 NEXEN

- 성장과정.
- 성격상의 장단점 및 생활신조.
- 입사지원 동기.
- 희망업무 및 장래 포부.
- 기타 특기 사항.

뭐, 그저 심플한 항목들이어서 Start 3에서 진행했던 기본적인 항목의 작성법만으로도 쉽게 풀어갈 수 있기는 하겠다. 하지만 경쟁력을 골고루 분배하지 못한다면 이런 기본적인 항목을 통해서도 자신을 충분하게 전달하지 못하게 되는 문제가 발생할 수 있다.

삼성 **SAMSUNG**

- 자기소개: 자신이 회사에 필요한 사람임을 보일 수 있도록 자신에 대해 좀더 자세히 적어 주십시오.
- 장점.
- 보완점: 직무수행과 관련하여 자신의 장점과 보완점을 말씀해 주십시오.
- 지원동기 및 포부: 자신의 지원동기 및 포부에 대해 말씀해 주십시오.

삼성이야 뭐 어차피 서류 전형의 개념 없이 SSAT로 걸러내기는 하지만 면접의 질문을 제공하는 기본 자료가 된다는 생각으로 꼼꼼하게 살펴보도록 하자. '자기소개'를 작성하는데 나를 소개하는 것이니까 아무래도 성격을 위주로 구성해야 한다는 생각을 많이 했던 모양이다. 그래서 '자기소개'를 성격에 맞춰버렸다. 그리고 나서 다음 항목을 보니까 '장점'이다. 장점? 성격의 장점? 그래, 성격에 맞추자. 그래서 또 성격에 맞췄다. '보완점'도 앞에 '장점'을 성격의 장점으로 생각했기 때문에 성격의 단점에 맞추게 되었다. '지원동기 및 포부'는 그럭저럭 무난하게 작성했다.

이렇게 구성하고 보니까 모든 내용이 성격에만 기반을 두고 있다. 지원자의 경우에는 직무 경험이나 자격증, 동아리, 봉사 활동 등 많은 에피소드를 가지고 있었지만 이런 부분들을 전혀 증거로 내세우지 못했다. 결과적으로 무난하게 작성한 '지원동기 및 포부'에서 주장한 내용들이 전혀 힘을 얻지 못하게 된 것이다. 기업이 필요로 하는 퍼즐의 조각을 맞추지 못했다.

GS건설

항 목	내 용
자기소개 (성장과정, 성격의 장점 및 보완점 등)	부모님의 가르침을 바탕으로 한 가족 이야기를 성장과정에 맞춤
학교 생활에 대하여 (동아리/학회/리더경험)	동아리 활동 내용 작성
GS건설 지원동기 (본인의 역량과 연관 지어 기술)	회사에 맞춘 지원 동기
희망 직무 및 입사 후 포부	직무에 맞춘 지원 동기와 앞으로의 계획

위와 같은 구성도 마찬가지이다. 이 지원자는 항목이 주는 힌트에 너무나도 집착한 나머지 자신이 가지고 있는 최대 경쟁력인 관련 회사의 인턴십 경험을 미처 작성하지 못했다. 항목은 'GS건설 지원동기'와 '희망 직무 및 입사 후 포부'가 따로 구성된 경우라서 회사와 직무에 맞춘 동기를 아주 구체적으로 작성할 수 있다는 이점이 있었다. 그리고 자신의 명확한 동기에 대한 가장 강한 impact를 줄 수 있는 인턴십으로 증거를 내세워줄 필요가 있었다. 따라서 다음과 같이 새롭게 구성하여 접근하였다.

GS건설 GS건설

항 목	내 용
자기소개 (성장과정, 성격의 장점 및 보완점 등)	목표 달성이라는 인재상에 맞춰서 인턴십을 통해 GS건설 입사 준비를 했다는 내용으로 수정
학교 생활에 대하여 (동아리/학회/리더경험)	전공 지식과 전공 관련 학회 내용으로 지식적인 부분에 초점
GS건설 지원동기 (본인의 역량과 연관 지어 기술)	회사에 맞춘 지원 동기
희망 직무 및 입사 후 포부	직무에 맞춘 지원 동기와 앞으로의 계획

일단 전체 구성에서 적절한 공간에 인턴십 내용을 배치해야만 했다. 'GS건설 지원동기'에서 본인의 역량과 연관 지어 기술하라고 했으므로 여기에 인턴십을 배치하려 했으나 그럴 경우 회사에 대한 동기를 충분하게 풀지 못할 가능성이 높았다. 따라서 따로 분리하여 '자기소개'에 인턴십 내용을 구성하기로 하였다. 이번에는 괄호 안의 힌트에 집착하지 않고 인재상에 맞추기로 하였고 '목표 달성을 위한 승부 근성'이라는 적절한 인재상을 찾아냈다. 관련 회사의 인턴십은 GS건설 입사를 위하여 미리 계획하고 목표를 달성한 내용이라는 접근으로 인재상과 인턴십을 동시에 맞추는 전략을 택했다.

'학교 생활에 대하여'는 동아리 내용을 적절하게 작성하기는 했지만 '자기소개'에서 경험적인 측면을 어필했으므로 여기에서는 지식적인 측면을 어필할 필요가 있다고 생각했다. 그리고 전공 지식과 함께 전공 관련 학회의 내용을 묶어서 전체적인 impact가 큰 지식적인 경쟁력을 만들어냈다.

　동기와 포부의 내용은 전혀 바꾸지 않았지만 이전 항목에서 지식과 경험을 통합한 충분한 경쟁력을 증거로 내세웠기 때문에 설득력은 훨씬 높아지게 되었다. 항목 자체가 간단해 보이기는 했지만 오히려 이것 때문에 경쟁력을 충분히 전달하지 못할 뻔한 경우였다.

기아 자동차　KIA KIA MOTORS

항　목	내　용
자기소개 (성격, 생활신조, 취미, 특기, 학교생활)	교내 외국인 학생 도우미를 통하여 영어 능력을 길렀다는 내용을 학교 생활에 맞춰서 작성
지원동기 및 입사포부	무난한 내용의 동기와 포부
동아리 활동, 연수경험, 교육사항, 아르바이트, 수상경력	어학 연수 중 동양인 학생회 활동 내용 작성
인재상 (도전/창의/열정/협력/글로벌마인드 중 택1)	어학 연수 내용을 바탕으로 인재상 중 글로벌 마인드에 접근

　이 지원자는 전체적인 구성을 인재상에 맞추는 전략을 활용하였는데 이것이 오히려 독이 되어버린 경우이다. '자기소개'를 보면 교내 외국인 학생 도우미로 활동하면서 영어 능력을 길렀다고 작성했는데 이것은 지원자가 기업의 인재상 중 하나인 '글로벌 마인드'에 맞춘 것이었다. 하지만 이 기업의 자기소개서는 마지막 항목에서 대놓고 인재상에 맞출 수 있었다. 물론 '자기소개'도 인재상에 맞추고 마지막 항목도 인재상에 또 맞출 수는 있지만 문제는 '글로벌 마인드'라는 동일한 인재상에 서로 다른 에피소드로 접근했다는 것이다.

사실 지원자의 지원 직종은 영업이었다. 영업이라는 직종은 딱히 관련된 전공을 찾을 수 없기 때문에 아무래도 영업에 어울리는 성격과 관련 경험을 최대의 경쟁력으로 내세울 필요가 있다. 따라서 첫 번째 항목인 '자기소개'는 인재상에 맞추지 않고 영업에 어울리는 자신의 성격을 어필하는 것으로 수정하였다. 또 이 기업의 자기소개서는 특이하게도 '지원동기 및 입사포부'가 마지막에 위치하지 않고 두 번째 항목으로 자리하고 있다. 따라서 '자기소개'에서 조금 더 공격적으로 지원 직종과 어울리는 내용을 어필해야만 바로 다음 항목인 '지원동기 및 입사포부'에 설득력을 더할 수 있다. 그런 측면에서도 '자기소개'를 성격에 기반한 적성이나 자질로 구성하는 것이 더 효과적이라고 볼 수 있다.

'동아리 활동, 연수경험, 교육사항, 아르바이트, 수상경력'은 자신이 가지고 있는 에피소드 중 가장 큰 impact를 줄 수 있는 어학 연수의 내용으로 구성했다. 하지만 '인재상' 항목에서 이 에피소드를 중복해서 활용하고 있기 때문에 다른 접근이 필요했다. 지원자는 판매 아르바이트나 서비스 업종의 아르바이트 내용이 많았는데 그것보다는 어학 연수의 impact가 더 크다고 판단하여 관련 아르바이트 내용을 어필하지 않았다. Impact의 측면에서 본다면 어학 연수가 더 클지도 모르지만 관련 아르바이트 내용도 짧은 기간의 경험을 모두 모으면 1~2년 정도가 되는 경우가 많다. 또 영업이라는 지원 직종에 아주 효과적으로 활용할 수 있으므로 여기에서 아르바이트 에피소드를 구성하기로 하였다. 결국 다음과 같이 영업이라는 지원 직종에

모든 초점을 맞추어서 적성, 자질, 관련 경험을 전달할 수 있는 구성
으로 수정하였다.

기아 자동차 **KIA** KIA MOTORS

항 목	내 용
자기소개 (성격, 생활신조, 취미, 특기, 학교생활)	영업이라는 직종에 어울리는 성격을 통하여 적성과 기본적인 자질을 갖추었음을 전달
지원동기 및 입사포부	무난한 내용의 동기와 포부
동아리 활동, 연수경험, 교육사항, 아르바이트, 수상경력	판매 아르바이트와 서비스 업종 경험을 통합하여 영업에 어울리는 경험 및 활동을 어필
인재상 (도전/창의/열정/협력/글로벌마인드 중 택1)	어학 연수 내용을 바탕으로 인재상 중 글로벌 마인드에 접근

간혹 항목은 기본적인데 반해 항목 구성 자체가 상당히 모호한
경우도 있다.

코트라 kotra 지사화 인턴

- 지원 동기 및 포부.
- 자신에 대해 알리고 싶은 내용.
- 해외 지사화 인턴 활동에 대한 계획이나 의지.

위 항목은 코트라에서 지사화 인턴을 채용할 때 사용하는 자기소
개서인데 항목이 심플한 것 같으면서도 어딘가 모르게 애매한 느낌

을 준다. '자신에 대해 알리고 싶은 내용'은 본인의 경쟁력을 전달하라는 것인지 알겠는데 '지원 동기 및 포부'와 '해외 지사화 인턴 활동에 대한 계획이나 의지'가 상당히 겹치는 항목이라고 보여진다. 실제 이 자기소개서를 작성했던 지원자는 두 항목을 어떤 식으로 구분하여 작성할지를 미리 결정하지 못했기 때문에 '지원 동기 및 포부'에서 작성한 내용을 단어만 조금 바꾸어서 거의 동일한 내용으로 '해외 지사화 인턴 활동에 대한 계획이나 의지' 항목에 또 작성하였다.

그래서 채용 공고를 자세히 읽어보니까 지사화 인턴으로 일하고 싶은 국가를 선택하도록 되어 있었다. 이 사실을 알고 나니까 마지막 항목은 해외 지사화 인턴 활동 자체에 초점이 맞추어져 있다는 것이 새삼 눈에 들어왔다. 즉 우리는 아직 일하고 싶은 국가를 선택한 이유를 어떤 항목에서도 전달하지 못했고 해외에서 일하는 것이니 만큼 이 부분이 확실하게 중요하다고 판단하였다. 그래서 다음과 같이 구성하였다.

코트라 kotra 지사화 인턴

항 목	내 용
지원 동기 및 포부	일하고 싶은 국가를 알리고 왜 그 국가를 선택했는지에 대한 명확한 이유를 제시
자신에 대해 알리고 싶은 내용	인턴에 적합한 경쟁력 어필
해외 지사화 인턴 활동에 대한 계획이나 의지	코트라 지사화 인턴으로 어떻게 일할 것인지를 전달

'지원 동기 및 포부'를 국가에 맞추니까 자신에 대해 알리고 싶

은 내용에서 추가적으로 본인이 선택한 국가에 대한 언어적인 능력이나 배경까지 전달하는 것이 훨씬 자연스러워졌고 더 많은 경쟁력을 지닌 지원자로 보일 수 있게 되었다. 이 지원자는 새로운 구성을 통하여 서류 전형에서 합격하였고 면접도 열심히 준비하여 현재 본인이 선택한 국가에서 인턴으로 활동하고 있다.

POINT 친절한 포인트 정리

① 경쟁력을 항목 구성에 맞게 골고루 분배하라.
② 기업 정보를 적극적으로 활용하여 모든 초점을 한 곳으로 맞춰라.
③ 항목이 원하는 요구를 정확하여 분석하여 최대한의 내용을 작성하라.

항목의 개수가 적은 경우 구성법

항목의 개수가 적은 경우도 이미 앞에서 대충 보기는 했지만 구체적인 구성법을 알아보지는 않았으니까 이참에 짚고 넘어가자.

신한생명

- 지원동기, 성장과정, 사회 활동 경험 등을 자유롭게 기술하시오(각 항목은 공백을 포함하여 한글 5000자 이내로 작성해 주십시오).

LG 파워콤

- 자기소개는 필수항목입니다. 반드시 기재해 주시기 바랍니다. 특

기, 장단점, 성격, 관심분야 위주로 작성(2400byte, 한글 1200자, 30줄 이내).

- 지원동기/입사후 포부는 필수항목입니다. 반드시 기재해 주시기 바랍니다(800byte, 한글 400자, 15줄 이내).

대상 DAESANG

- 자유기술: 직무선택의 이유, 경험, 개인의 특성 중심으로 간결하게 작성해 주세요(1000자 이내로 작성).

유한킴벌리

- 자유기술: 자기소개서는 모든 지원자가 반드시 작성하여야 하며, 경력인 경우는 업무경력을 중심으로 기재하시기 바랍니다. 충실하게 기재한 자기소개서에 기업은 관심을 갖습니다(최소 300byte 이상 6000byte 이내 작성해 주세요).

GS홈쇼핑

- 자유기술(5000자 이내에서 입력 바랍니다).

두산그룹

- 살아오면서 부딪쳤던 가장 큰 장애물을 끝까지 완수한 사례를 기술하고, 그 난관을 극복하기 위해 어떠한 노력을 하였고, 그 결과는 어떠했는지 기술하십시오(50자 이상 1200자 이내 입력).

항목을 많이 만들어놓지 않았기 때문에 상대적으로 한 개 혹은 두 개의 항목에서 글자 수 제한을 50자부터 무려 5000자까지 넉넉하게 주고 있다는 것을 확인할 수 있다. 결국 따지고 보면 항목이 적다 뿐이지 할 말은 다 할 수 있도록 만들어져 있는 셈이다.

그런데 항목이 적은 대부분의 경우에도 기업들은 자기네들이 원하는 이야기를 듣기 위해서 별도의 요구를 하고 있다는 것을 알 수 있다. 말로는 자유롭게 기술하라고 하지만 '직무선택의 이유, 성장 과정, 개인의 특성' 등을 작성하라는 식으로 범위를 정해 주고 있다. 물론 자유 기술이므로 기업이 요구한 모든 것을 다 담을 필요는 없겠지만 가장 유력한 힌트로 활용하는 것에는 적극적으로 동의하는 바이다. 따라서 일차적으로는 기업들이 준 힌트 위주로 작성한 내용을 구성하고 에피소드를 결정한다고 보면 된다.

Start 2에서 소제목에 대해서 다룰 때 필자는 소제목을 활용하는 것이 경우에 따라서 좋을 수도 있고 아닐 수도 있다고 했는데, 이렇게 항목의 개수가 적은 경우에는 소제목을 활용하는 것이 확실하게 도움을 줄 수 있겠다. 왜냐하면 1000자 이상 되는 내용을 소제목 없이 단락만으로 구성하는 것은 쉽지 않기 때문이다. 항목이 여러 개 있으면 해당 항목에 어울리는 내용만 작성하면 된다. 그 이전의 단락이나 이후의 단락은 다른 항목이라서 전혀 새로운 내용을 작성하게 되므로 연결에 신경을 쓸 이유가 없다. 하지만 항목 구분 없이 통으로 구성하는 내용은 앞 단락과 뒤 단락이 유기적으로 자연스럽게 연결되지 않으면 읽는 사람이 따라오기 어렵다. 따라서 소제목을 활용하여 단락을 나누어서 작성하는 것이 현명한 방법이다.

결국 앞의 두 가지 방법을 혼합하여 기업이 주는 힌트에 따라서 에피소드를 결정한 이후에 그것에 어울리는 소제목으로 단락을 쪼개서 자기소개서를 구성하는 것이 가장 좋다는 결론을 얻을 수 있다.

만약에 기업이 별다른 힌트를 주지 않아서 이를 바탕으로 소제목을 구성하기 어렵다면 바로 앞에서 알아본 가장 기본적인 항목을 활용하는 방법을 써보자. 이미 알아봤다시피 기본적인 항목을 통하여 경쟁력을 골고루 분배한다면 나에 대한 충분한 정보를 전달할 수 있는 방법이 된다. 또 기본적인 항목은 항목당 글자 수가 정해져 있지만 여기에서 응용한다면 더 많은 이야기를 하고 싶은 항목에 글자 수를 조금 더 많이 줄 수도 있기 때문에 선택과 집중이 가능하다는 이점도 있다.

그런데 항목이 하나밖에 없으면서도 생각보다 까다롭게 느껴지는 경우도 있다. 두산 그룹의 자기소개서가 대표적인 경우인데 원래 이 기업의 자기소개서는 다음과 같이 3개의 항목으로 구성되어 있었다.

두산그룹 *DOOSAN*

- 두산 입사 후 당신의 3년 후, 10년 후 목표에 대해 기술하고, 목표 달성을 위해 자신의 강/약점을 어떻게 개선/보완할 지와 이의 점검 방안에 대해 기술하시오.
- 살아오면서 부딪쳤던 가장 큰 장애물을 끝까지 완수한 사례를 기

술하고, 그 난관을 극복하기 위해 어떠한 노력을 하였고, 그 결과
는 어떠했는지 기술하십시오.
- 자신만의 가장 창의적이고 재치 넘치는 방안으로 문제를 해결한 경
  험을 기술하고, 그 과정에서 부딪쳤던 어려움을 어떻게 극복하였는
  지 기술하시오(각 항목은 한글 50자 이상 500자 이내로 작성하십시오).

항목의 구성상 첫 번째 항목에서 동기와 포부, 강약점 등을 전달
할 수 있었고 나머지 두 개의 항목을 통하여 자신의 자질을 충분히
전달할 수 있었다. 물론 '가장 큰 장애물'과 '가장 창의적인 방안'처
럼 보일 수 있을 만한 것을 에피소드를 선택해야 한다는 문제는 있
었지만 경쟁력을 골고루 분배할 수 있었기 때문에 impact도 적절한
수준에서 선택할 수 있었다. 하지만 두산그룹의 자기소개서는 하반
기에 항목 2개가 빠지면서 다음의 항목만 남게 되었다.

두산그룹 DOOSAN
- 살아오면서 부딪쳤던 가장 큰 장애물을 끝까지 완수한 사례를 기
  술하고, 그 난관을 극복하기 위해 어떠한 노력을 하였고, 그 결과
  는 어떠했는지 기술하십시오(50자 이상 1200자 이내 입력).

항목이 하나만 남게 되니까 이전에 했던 방식으로 인턴십, 동아
리, 어학 연수, 봉사 활동 등에서 에피소드를 뽑는 것이 과연 얼만큼
의 impact를 줄 수 있는지에 대한 의구심이 들게 되었다. 또 다른 기

업의 항목처럼 '자기소개'나 '자유 기술'이 아니라서 동기, 포부, 강약점 등도 전달할 수 없었기 때문에 확실하게 뭔가 다른 접근이 필요하게 된 것이다.

실제로 두산그룹 자기소개서를 작성한 학생들의 내용을 보니까 이전에 했던 것처럼 인턴십, 동아리, 어학 연수, 봉사 활동 등에서 에피소드를 뽑은 경우가 많았다. 또 항목이 하나만 남았다는 것을 파악하고 나름대로 가장 큰 impact를 줄 수 있을 만한 인생 최고의 장애물을 작성한 학생도 있었는데 에피소드는 여전히 편입, 재수, 가족, 진로 문제 등에서 벗어나지 못하고 있었다.

그래서 필자는 기업의 인재상이 알려주는 세부적인 내용을 활용하여 항목을 풀어가는 방법을 제시하였다. 먼저 두산그룹의 인재상을 살펴보자.

PE(Passion for Excellence) – 끊임없이 도전하여 성과를 내는 사람

지속적으로 자신의 눈높이를 높여가며 진취적이고 강한 개척정신을 소유하여 높은 비전과 도전적 목표를 설정하며 끈질기고 집요한 성취욕구로 반드시 성과를 내고야 마는 책임감과 주인의식 소유자.

인화 – 원칙을 지켜 함께 발전하는 사람

도덕성과 투명성을 갖추고 Teamwork 능력 및 원활한 대인관계로 파벌, 온정, 이기, 권위, 맹목적 장유유서 등을 배격하여 공정한

Rule of Game 을 통하여 회사의 더 큰 성과를 이루어 낼 수 있는
사람.

열린 Mindset – 유연한 사고로 혁신을 주도하는 사람

다양성에 대한 수용력이 높고 유연한 사고가 가능하며 자신의 부
족을 항상 인식하는 겸허한 자세를 가지고 있어 배우려는 자세가
되어 있고 새로운 것과 보다 나은 것에 대한 강한 흡수력(Sponge
mentality)을 가지며 혁신적이고 창조적인 아이디어를 끌어내는
사람.

전문성 – 글로벌 역량으로 도약을 이끄는 사람

자기 분야에서 최고 수준의 사업적, 기능적 또는 기술적 전문성을
보유하고 있으며 Industry 및 Business의 첨단 Trends에 대한 이해
와 안목을 바탕으로 "우물 안 개구리식" 사고의 탈피, 업의 수준을
한 단계 끌어 올릴 수 있는 사람.

하지만 무조건 인재상 중 하나를 골라서 에피소드를 맞춰가는
구성은 별로 효과적이지 않을 것이다. 그것은 다른 항목이 함께 존
재하거나 남아 있는 하나의 항목이 '자기소개' 혹은 '자유 기술'처럼
일반적인 수준일 경우에나 먹히는 방법이다. 편입이나 재수의 에피
소드를 선택했던 지원자의 경우에는 편입과 재수에 성공한 과정 자

체만을 세부적으로 풀었다. 가족 이야기를 선택했던 지원자는 형제, 자매에 대한 열등감으로 자신의 진로를 찾지 못하다가 열심히 노력하여 결국 목표한 바를 이루었다는 식으로 접근하였다. 에피소드도 그럴듯하고 인재상에도 맞게 풀어갈 수 있기는 하지만 전체적인 경쟁력을 골고루 전달하지는 못하는 구성이다.

따라서 이 경우에는 특정한 에피소드보다는 전체적인 본인의 경쟁력을 모두 어필할 수 있을 만한 큰 이야기를 선택하는 것이 유리하다. 그래야만 주어진 하나의 항목에서 최대의 경쟁력을 어필하면서 동기와 포부의 느낌도 함께 작성하는 구성을 만들어낼 수 있다. 일단 본인의 경쟁력을 정확하게 파악하자. 그리고 나서 거기에 맞는 가장 큰 장애물을 만들어내도록 하자.

예를 들어서 본인이 전공과 자격증을 통한 '지식적인 부분'과 인턴십을 통한 '경험적인 부분'에 강점을 가지고 있다면 그것을 한데 묶어서 전달할 수 있는 장애물을 만들어보는 것이다. 일반적인 에피소드를 작성하는 순서와는 정반대로 가보는 것이 핵심이라 하겠다.

가장 큰 장애물을 찾아가는 과정은 조합한 경쟁력을 가장 자연스럽게 풀어갈 수 있는 인재상을 찾는 과정을 통해서 가능하다.

경쟁력 조합	경쟁력에 어울리는 인재상
전공+자격증=지식적인 부분 인턴십=경험적인 부분	PE(Passion for Excellence) - 끊임없이 도전하여 성과를 내는 사람

위와 같이 지식과 경험을 PE이라는 인재상에 어울리도록 맞춘

후에 기업이 풀이한 PE의 내용을 꼼꼼하게 분석한다. 그리고는 다음과 같은 가장 큰 장애물을 만들어서 전체적인 구성을 완성하면 된다.

가장 큰 장애물	경쟁력 조합	경쟁력에 어울리는 인재상
부족한 관련 지식과 경험 및 활동	경험 및 활동 전공+자격증 =지식적인 부분 인턴십=경험적인 부분	PE(Passion for Excellence) 끊임없이 도전하여 성과를 내는 사람

또 만약에 경쟁력의 조합이 다음과 같다면 열린 Mindset이라는 인재상이 설명하는 자질에 가장 잘 어울릴 수 있을 것이다.

경쟁력 조합	경쟁력에 어울리는 인재상
다양한 동아리 및 봉사 활동=다양성 공모전 경험 및 수상 내용=창의성	열린 Mindset – 유연한 사고로 혁신을 주도하는 사람

그렇다면 이 구성에 가장 잘 어울릴 만한 가장 큰 장애물을 다음과 같이 만들어내는 것이 가능해진다.

가장 큰 장애물	경쟁력 조합	경쟁력에 어울리는 인재상
다양한 분야를 경험하지 못한 점	다양한 동아리 및 봉사 활동=다양성 공모전 경험 및 수상 내용= 창의성	열린 Mindset – 유연한 사고로 혁신을 주도하는 사람

이렇게 역으로 가장 큰 장애물을 만들어가는 과정은 Start 3의 단점에서 알아본 방법과 비슷하다. 단점이 없어서 장점을 적절하게 포

장하여 완벽한 보완 방법을 찾아내는 과정을 우리는 이미 연습해보았다. 여기에서도 마찬가지로 원래는 장애물이 아니라 나의 경쟁력을 위한 노력이었지만 사실은 이것이 장애물이었고 그것을 넘기 위해서 이와 같이 노력해왔다고 접근하는 것이다. 사실은 자신의 핵심 경쟁력을 정리한 것이므로 완벽한 과정과 노력, 결과를 보여줄 수 있다는 이점을 얻을 수 있다. 또 추가적으로 동기와 포부로 자연스럽게 마무리할 수도 있으므로 하나의 항목에서도 내가 원하는 것을 충분히 전달할 수 있는 것이다.

이런 항목에서는 기업도 어느 정도의 순발력과 창의력을 원한다. 따라서 우리도 위와 같이 주어진 항목을 분석하여 항목이 요구하는 내용에 최대한으로 맞춰주면서도 가능하면 우리에게 유리한 방식으로 풀어가면 되는 것이다.

글자 수 압박이 심한 경우 구성법

기본적인 항목이거나 항목이 적은 경우는 구성만 잘하면 되니까 그래도 나은 편이다. 주어진 글자 수가 적으면 이건 정말로 골치 아프다.

현대제철 **H** 현대제철

– 나의 걸어온 길.
• 성장배경.
• 성격의 단점.
• 성격의 장점.
• 동아리/봉사 활동.

- 사회경험.
- 자기개발노력.

- 지원동기.
- 입사 후 포부.
- 관심분야.
- 기타.

- 나는요!
- 자기 PR을 제목과 함께 작성해 주십시오(3가지).

  (각 항목 100자 이내로 작성)

고려해운 KMTC

- 성장과정.
- 학교생활.
- 성격 및 생활신조.
- 지원동기.
- 기타.

  (각 항목을 한글 250자 이내로 작성하십시오)

코오롱 그룹 KOLON

- 나의 History: 성장배경, 학교 생활 등(350자 이내).
- 나의 One&Only: 자신의 차별화된 경쟁력, 성격의 장, 단점 등(350자 이내).
- 나의 Vision: 자신의 Vision, 장래계획, 입사 후 포부 등(350자 이내).
- 자유기재: 상기 항목 이외 자유스런 내용으로 기재(250자 이내).

한독약품 HANDOK 한독약품

- 귀하의 성장과정 및 가정생활을 자유롭게 기술하시기 바랍니다 (300자 이내).
- 귀하께서 이 회사에 지원한 동기는 무엇입니까?(250자 이내)
- 귀하께서 이 업무에 지원한 이유는 무엇입니까?(250자 이내)
- 학창시절 또는 졸업 후, 또는 이전 회사에서 성취감을 이루었던 경험을 기술하시기 바랍니다(300자 이내).
- 과거 단체생활 중, 어려움에 처하였던 경험을 기억하시어 이 어려움을 어떻게 극복하였는지 기술하시기 바랍니다(Ex: 동아리, 군대, 아르바이트, 이전직장 등…) (300자 이내).
- 조직(단체)생활에서 리더십을 발휘하였던 경험을 기술하시기 바랍니다(300자 이내).
- 본인을 자유롭게 기술하시기 바랍니다(경력직은 경력위주로 기술) (300자 이내).

STX stx

- 성장과정(300자 이하로 입력).
- 본인성격(300자 이하로 입력).
- 지원동기(400자 이하로 입력).
- 장래계획(300자 이하로 입력).

동원그룹 Dongwon

- 귀하의 장점을 기술하고 단점을 개선하기 위해 노력한 점을 기술하십시오.
- 타인과 차별화 되는 귀하의 경험사항(해외연수/동아리/사회봉사 등)

196

및 직무관련 활동을 기술하십시오.
- 귀하가 지원직무에 적합하다고 생각하는 이유 및 지원동기를 기술하십시오.
- 귀하가 동원그룹에 입사한 후 이루고 싶은 목표를 기술하십시오(각 항목 400자 내외 작성).

여러 기업의 자기소개서 항목 중에서 몇 개만 추려보았다. 보통 글자 수가 400자 이내이면 그때부터 내용을 구성하는 것이 조금씩 어려워진다. 주어진 글자 수 안에서 에피소드를 통하여 증거를 제시하고 그것을 바탕으로 한 주장을 펼쳐야 하는데 글자 수 압박은 이를 어렵게 만든다.

먼저 주어진 공간을 낭비하지 않는 것이 중요하다. 여러분들이 작성하는 내용에는 누구나 알고 있는 일반적인 정보나 쓸데없는 이야기가 너무 많다.

'사람들은 모두 다른 생김새와 성격을 가지고 있습니다. 따라서 모든 사람들이 다르게 생각하고 행동합니다. 여기에서 갈등이 시작되기도 하지만 반대로 서로 모자란 부분을 채워줄 수도 있습니다. 갈등은 다른 사람과의 갈등도 있겠지만 자신 안에서 일어나는 갈등도 있습니다…'

300자 안에 자신의 성격을 전달해야 하는데 이런 불필요한 이야기를 서두에 깔아주곤 한다. 아마도 자신의 주장을 좀더 그럴싸하게 만들기 위해서 보편적인 이야기가 도움이 될 것이라고 생각들을 하는 모양이다.

'우리 주변에 가장 많은 것이 은행이며 사람들이 가장 많이 찾는 곳도 은행입니다. 개인 대출에서부터 기업 대출과 여러 금융 상품까지 은행은 우리 삶과 아주 밀접하게 연결되어 있습니다. 우리 몸에서 심장은 피가 원활하게 흐를 수 있도록 해 주는 중요한 기관입니다. 은행 역시 돈이 원활하게 흐를 수 있도록 해 주는 심장과도 같은 곳이라고 생각합니다….'

초등학생도 알 수 있을 만한 이런 기본적인 정보를 바탕에 깔아 주는 것 역시 아무런 도움이 되지 않는다. 이것은 지원 회사에 대한 깊은 정보도 아닐뿐더러 기업에서 듣고자 하는 여러분의 생각도 아니다.

환경 디자인과 건축은 미래에 우리들의 삶의 질을 좌우하는 큰 부분이 될 것이라고 생각합니다. 우리들 중에는 선진 기술을 추구하는 사람들도 있을 것이고 가족을 먼저 고려하는 이들이나 자기 자신을 먼저 두는 이들도 있을 것입니다. 우리들 주변을 구성하고 있는 환경 자체가 개인의 삶이 되는 것인데 개개인이 만족할 수 있는 즐거움을 찾으려면 개성을 갖춘 환경이 필요합니다. 하지만 현대 사회는 획일화된 환경만을 추구하기 때문에 각자의 개성을 살리기 어렵고 또 누군가는 필요 없는 환경에서 살아가야만 합니다. 저는 이러한 환경을 디자인을 통해서 변화시키기를 원합니다. 특히 이 사회에서 소외 받

는 장애우, 임산부, 노약자, 어린이들에게 어울리는 공간을 재창조하
여 그들이 개성을 마음껏 누릴 수 있는 환경을 만들어내고자 합니다.

건축 디자인에 지원하는 자기소개서의 포부이다. 언뜻 보면 그
럴싸해 보이지만 이 포부에서 살릴 수 있는 문장은 맨 마지막 한 문
장밖에 없다. 나머지는 누구나 다 알고 있는 그저 그런 정보일 뿐이
다. 여러분은 위처럼 작성해놓고 글자 수가 부족하다고 불평한다.

저는 획일화만을 추구하는 주거 환경을 디자인을 통해서 변화시키
기를 원합니다. 특히 이 사회에서 소외 받는 장애우, 임산부, 노약자,
어린이들에게 어울리는 공간을 재창조하여 그들이 개성을 마음껏 누
릴 수 있는 환경을 만들어내고자 합니다. 장애우의 휠체어나 영유아
의 유모차가 어디든지 마음대로 돌아다닐 수 있도록 경사를 낮추고
턱을 없애겠습니다. 또 노약자가 어디서든지 편하게 쉴 공간을 마련
하고 임산부가 뱃속의 아이를 걱정하지 않도록 안전하고 튼튼한 디자
인을 하겠습니다. 특히 그들의 보행 환경에 더 많은 관심을 가질 것
입니다. 상대적으로 건강에 더 신경을 써야 할 사람들이기에 최대한
의 녹지를 확보하여 어디서든지 쾌적한 환경에서 보행할 수 있도록
돕고 싶습니다. 결국 그들의 우리의 이웃이고 우리의 가족이기 때문
입니다.

위처럼 되어야 한다. 기업은 '특히 이 사회에서 소외당하는 장
애우, 임산부, 노약자, 어린이들에게 어울리는 공간을 재창조하여
그들이 개성을 마음껏 누릴 수 있는 환경을 만들어내고자 합니다'라

는 맨 마지막 문장에 이어지는 그 다음 이야기를 듣고자 하는 것이다. 하지만 중요한 문장은 마지막에 살짝 언급만 해놓고 쓸데없는 내용으로만 글자 수를 꽉 채우기 때문에 여러분의 메시지가 제대로 전달되지 않는다. 이야기의 시작 포인트를 정확하게 잡아야 정해진 글자 수 안에서 모든 메시지를 전달할 수 있다.

또 글자 수가 부족한 경우에는 하나라도 잘 쓴다고 생각해라. 하나의 에피소드에 집중하기에도 벅찬 공간이다.

봉사 활동은 저의 대학 생활에서 아주 중요한 부분을 차지하였습니다. 1학년부터 매 방학 때마다 여의도에 있는 ○○○라는 지체아동 보육시설에서 동화책을 읽어주는 봉사를 계속 해오고 있습니다. 2008년 7월에는 캐나다에서 어학 연수를 마치고 한국인 학생회에서 진행하는 자원 봉사 클럽에 가입하여 거리의 노숙자들에게 식사를 나누어주는 활동에 참여하기도 하였습니다. 또 지난 겨울 방학에는 네팔로 해외 봉사 활동을 가게 되었고 한국에 돌아온 이후에는 교회 단체에서 양로원으로 노인 목욕 봉사에 자원하기도 하였습니다. 이렇게 저는 지금까지 상당히 많은 자원 봉사에 참여해오고 있습니다.

정해진 400자 안에서 최대한의 것들을 전달하려는 욕심 때문에 그저 나열식으로만 내용을 전달하고 말았다. 자신의 주장에 대한 증거로 가장 잘 어울리는 에피소드 하나만 뽑아서 그것을 구체적으로 풀어라.

저는 봉사 활동을 위해 네팔에 다녀온 경험이 있습니다. 한 평범한 가정에서 홈스테이를 하면서 그들이 생활하는 방식을 그대로 따르려고 노력하였습니다. 기본적인 네팔어를 메모하고 기억하여 실생활에서 활용하였고 그들이 건네준 수저 대신에 그들과 같이 손으로 밥을 먹었습니다. 또한 유명한 관광지가 아니라 작은 마을 위주로 여행 계획을 세워서 가장 평범한 사람들이 실제로 어떻게 살아가고 무슨 생각을 하고 있는지를 경험하려고 노력하였습니다. 언어를 이해하려면 문화를 이해하라고 하는데 저는 사람을 이해하게 된다면 문화와 언어까지 모두 이해할 수 있다고 생각했고 그것을 실천하였습니다. 처음 홈스테이를 했던 가정에서 저와 비슷한 또래의 친구와는 아직도 이메일을 통하여 소식을 주고받고 있습니다.

400자 이내로 에피소드를 구성했는데 동일한 내용을 다른 자기소개서에 적용할 경우 주어진 글자 수가 더 적다면 어떻게 축약하면 좋을까? 위 내용을 현대제철에 맞추기 위하여 100자로 축약해보았다.

네팔 봉사 활동에서 홈스테이를 하면서 그들이 생활하는 방식을 그대로 따르려고 노력하였습니다. 사람을 이해하게 된다면 문화와 언어까지 모두 이해할 수 있다는 것을 배웠습니다.

100자 정도면 어차피 구체적인 이야기를 모두 전달할 수 있는 공간이 아니다. 따라서 에피소드의 핵심이 되는 부분과 결론 부분만을 따로 분리하여 결합하는 방법이 가장 좋을 것이다. 그런데 간혹 보면 글자 수가 조금씩 오버되어서 어떻게 정리해야 하는지 고민하

는 경우들이 종종 있더라. 한 10~20자 정도만 줄이면 되는데 그게
또 만만치 않아서 어려워하는 지원자도 많이 보았다.

글자 수가 조금씩 오버되는 경우에는 두 문장을 하나로 통합하
는 방법이 가장 유용하다.

저는 봉사 활동을 위해 네팔에 다녀온 경험이 있습니다. 한 평범한
가정에서 홈스테이를 하면서 그들이 생활하는 방식을 그대로 따르려
고 노력하였습니다.

저는 네팔로 봉사 활동을 가서 한 평범한 가정에서 홈스테이를 하면
서 그들이 생활하는 방식을 그대로 따르려고 노력하였습니다.

82자를 67자로 줄였다. 그리고 불필요해 보이는 수식어를 제거
해 주는 방법도 있다.

저는 네팔로 봉사 활동을 가서 홈스테이를 하면서 그들이 생활하
는 방식을 따르려고 노력하였습니다.

67자를 52자로 줄였다. 추가적으로 접속사를 빼거나 중복되어
나오는 '저는, 제가' 등의 단어를 제거해도 좋다. 연결되는 두 문장
을 하나씩 묶어주면서 이런 방법을 활용하면 확실하게 정해진 글자
수 안에서 원하는 만큼의 내용을 충분히 전달할 수 있을 것이다.

① 이야기의 시작 시점을 정확하게 잡아라.

② 에피소드 하나라도 구체적으로 작성하라.

③ 문장을 통합 및 재구성하여 불필요한 부분을 줄여라.

역량 기술 작성

역량 기술서는 말 그대로 지원자의 역량을 알아보기 위해 만들어진 항목이다. 역량이란 '어떤 일을 해낼 수 있는 힘'을 말하는데 기업이 요구하는 일을 해낼 수 있는지 없는지를 알아내려면 간단하게 만들어진 항목으로는 부족할 것이다. 따라서 다음과 같이 복잡한 구성으로 역량을 기술할 것을 요구한다.

쌍용건설 S쌍용건설

1. 혁 신: 발상의 전환을 통해 문제를 개선하거나 해결한 경험을 골라 구체적인 상황, 자신의 행동, 결과 등을 기술해 주십시오.

   A) 언제, 어떤 상황의, 무슨 문제였습니까? 어떠한 계기로 발상을

전환하게 되었습니까?

B) 그 발상은 무엇이었으며, 어떤 점에서 기존의 것과 달랐습니까?

C) 새로운 발상을 문제해결에 어떻게 적용했습니까? 그 결과는 어떠했습니까?

2. 존 중: 자신이 속한 단체 혹은 가정에서 다른 구성원과 이해관계가 대립했던 경험을 떠올려 구체적인 상황, 자신의 행동, 결과 등을 기술해 주십시오.

A) 언제, 어떤 상황에서 일어난 일이며, 어떠한 이해관계가 대립하였습니까?

B) 그 상황에서 중요하게 고려한 것은 무엇이었습니까? 구체적으로 어떤 말과 행동을 취했습니까?

C) 결과는 어떠했습니까?

3. 글로벌 마인드: 다른 나라의 문화나 관습, 가치관 등을 이해하는 안목을 넓히는 데 가장 도움이 되었던 경험을 골라 구체적인 상황, 자신의 행동, 결과 등을 기술해 주십시오.

A) 언제, 어디서, 어떤 상황에서 경험한 일입니까?

B) 그 상황에서 취했던 행동과 노력에는 어떤 것이 있었습니까?

C) 그 경험이 자신에게 미친 영향은 무엇입니까? 다른 나라에 대한 이해에는 어떤 영향을 미쳤습니까?

STX그룹 **stx**

- 성장과정.
- 본인성격.
- 지원동기.
- 역량수준(1) 본인이 지원한 직무에 대한 본인의 강점과 약점을 기

술해 주십시오.

- 역량수준(2) 남들이 생각하지 못한 새롭고 참신한 아이디어를 적용하여 좋은 결과를 거둔 경험에 대해 기술해 주십시오.
- 역량수준(3) 다른 사람들이 어렵다고 시도하지 않은 일을 추진하여 성공한 경험 또는 실패한 경험 중에서 가장 대표적인 사례를 기술해 주십시오.
- 역량수준(4) 다른 사람과 차별화된 능력을 갖추기 위해 지속적으로 시간과 자원을 꾸준히 투자하여 자기계발한 경험에 대해서 기술해 주십시오.
- 역량수준(5) 자신과 성격이나 업무 스타일이 매우 다르다고 생각한 사람과 함께 프로젝트 또는 활동해 본 경험에 대해 기술해 주십시오.
- 장래계획.

대림산업 ✙ 대림산업

1. 교내 외 동아리 활동
2. 사회 공헌 활동
3. 자기소개사항 – 성격의 장단점, 생활신조, 지원동기 등

1. 지금까지 살아오면서 기존의 정해진 목표보다 더 높은 수준의 목표를 달성하고자 하며, 이를 위해서 시간이나 노력을 최대한으로 투입하고 관리한 경험에 대하여 기술해 주시기 바랍니다.

   1-1. 본인이 선정한 목표는 무엇이었으며, 목표를 세운 기준이나 근거는 무엇입니까?

   1-2. 목표를 달성하기 위해서 어떤 노력을 기울였습니까? 구체적으로 기술하여 주십시오.

　　1-3. 노력의 결과와, 본 경험을 통해 본인이 습득한 교훈에 대해
　　　　 기술하여 주십시오.

2. 지금까지 팀을 이루어 활동하였던 경험 중에서, 공동의 목표를 달
　 성하기 위해서 팀원들과 신뢰를 형성하고, 협력적인 관계를 구축
　 하며, 시너지를 내기 위해서 노력한 경험에 대하여 기술해 주시기
　 바랍니다.

　　2-1. 팀을 이루어 활동한 경험과 팀내에서 본인의 역할 및 공동의
　　　　 목표를 달성하기 위한 본인의 노력에 대해 기술해 주십시오.
　　2-2. 팀원간에 서로 갈등 상황이 발생하였을 때, 본인은 어떻게
　　　　 해결하고자 하였습니까?
　　2-3. 팀 활동의 결과와, 팀 활동을 통해 본인이 습득한 교훈은 무
　　　　 엇입니까?

3. 지금까지 다양한 고객을 상대하면서, 고객을 만족시키기 위해 적
　 극적으로 노력하였던 경험에 대하여 기술하여 주시기 바랍니다.

　　3-1. 고객을 상대한 경험과, 본인이 생각하는 고객의 정의에 대해
　　　　 기술해 주십시오.
　　3-2. 고객을 만족시키기 위하여 어떤 노력을 기울였습니까? 구체
　　　　 적으로 기술하여 주십시오.
　　3-3. 고객을 상대하거나 고객만족을 위한 활동을 통해서 본인이
　　　　 습득한 교훈은 무엇입니까?

4. 지금까지 살아오면서 기존의 제도나 시스템을 지속적으로 개선함
　 으로써, 본인이 속한 조직에 새로운 변화를 적극적으로 주도하여,
　 조직의 성과를 향상시켰던 경험에 대하여 기술하여 주시기 바랍
　 니다.

　　4-1. 기존의 제도나 시스템을 개선한 경험과, 그러한 개선과 새로
　　　　 운 변화가 필요했던 이유에 대해 기술해 주십시오.
　　4-2. 변화를 주도하면서 본인에게 처한 어려움과 장애는 무엇이

기업들은 필요 역량의 기준을 인재상에서 뽑기를 좋아한다. Start 1에서도 알아봤듯이 STX의 역량 기술은 기업의 인재상을 그대로 옮겨놓은 것이다. 쌍용건설도 역량 기술을 혁신, 존중, 글로벌 마인드로 나누어 놓았는데 이것은 그들의 인재상인 innovation(변화를 추구하고 수용하는 혁신적인 인물), trust(상대방을 존중하고 정도를 생활화하여 신뢰받을 수 있는 인물), harmony(팀웍을 중시하고 인화에 앞장서는 인물)에서 따온 것임을 알 수 있다. 대웅제약이나 대림산업도 마찬가지로 인재상을 포함시키고 있다.

인재상을 포함시키고 요구하는 것이 많기는 하지만 사실 역량 기술은 항목 자체가 어떤 내용을 작성해야 하는지를 아주 친절하게 알려주는 가이드 역할을 한다고 볼 수 있다. 그래야만 자신들도 원하는 내용을 잘 뽑아낼 수 있기도 하고 나중에 면접에서도 귀중한 자료로 활용할 수 있다. 어쨌든 친절하게 물어보니까 우리도 친절하게 답하는 것이 가장 중요하겠다.

질문을 반복해서 읽어라. 그리고 가능하면 구체적으로 답해라.

저희 아버지께서는 사무용품 전문점을 운영하고 계십니다. 지난 여름 주말에 도서관에서 공부를 하다가 거기에서 어린이 미술용품이 필요하다는 것을 알았고 아버지께 말씀드려서 계약을 맺었습니다. 생활 속에서 작은 관심이 큰 기회와 좋은 결과를 만들 수 있다는 것을 배울 수 있었던 경험이었습니다.

경력자들은 경력 기술서를 작성하는데 기업에서는 경력자들이 무슨 일을 했는지를 보면 어떤 능력을 갖추었는지 파악할 수 있다. 이때 중요한 것이 경력을 수치화하여 알려주는 것이다. 얼마의 기간 내에 매출을 몇 %에서 몇 %까지 올리고 거래처를 몇 개에서 몇 개로 증가시켰다는 등의 세부적인 내용이 필요하다. 여러분과 같은 신입은 사실 수치화할 수 있는 경력이 많지 않다. 따라서 구체적인 이야기를 바탕으로 한 역량을 보고자 한다. 그런데 위와 같이 대충 작성한다면 기업이 시킨 일을 해낼 수 있는 힘이 있는지 없는지를 파악하기 어려울 것이다.

대웅제약 **대웅제약**

2. 미래주도: 향후에 일어날 수 있는 상황에 대해 직관적으로 대비하여 문제에 대응하거나 새로운 기회를 창출해내는 능력

작은 관심이 큰 기회가 된다

저희 아버지께서는 부천에서 작은 사무용품 전문점을 운영하고 계십니다. 지난 여름 주말에 집에 내려가서 오전에는 매장 일을 거들고 오후에는 과제물 준비를 위하여 근처에 위치한 시민센터 도서관을 방문하였습니다. 그때 도서관 옆에서 어린이 놀이 공간 공사 현장을 목격하게 되었는데 어린이 미술용품도 취급하는 저희

매장에 어떤 식으로든 도움을 줄 수 있을 거라는 생각이 들었습니다. 바로 관계자를 찾아가서 확인한 결과 매주 무료 어린이 미술 교실이 열릴 것이라는 정보를 얻을 수 있었고 이 사실을 바로 아버지께 전해 드렸습니다. 다행히 공사 초기였기 때문에 저희 매장은 경쟁사 없이 시민센터와 계약을 맺을 수 있었고 1000만 원 상당의 매출을 올렸습니다. 물품 자체가 소모품이고 또 미술 교실도 점차 인기를 끌면서 매장의 매출은 20% 정도 올라갔습니다. 생활 속에서 작은 관심이 큰 기회와 좋은 결과를 만들 수 있다는 것을 배울 수 있었던 경험이었습니다.

도서관에서 공부를 하다가 어린이 놀이 공간 공사 현장을 목격하였고 사무용품 전문점과 연결하였다. 향후에 일어날 수 있는 상황에 대해 직관적으로 대비한 것이다. 관계자를 찾아서 무료 어린이 미술 교실이 열린다는 사실을 알아냈고 아버지에게 전달하였다. 문제에 적절하게 대응한 것이다. 결과적으로 시민센터와 계약을 맺었고 매출을 올리는 등 결과를 만들어냈고 그것은 새로운 기회를 창출해내는 능력을 보여줄 수 있는 에피소드가 된다. 기업에서 요구한 구체적인 질문에 충실하게 작성된 샘플이다.

역량 기술은 어차피 하나의 에피소드를 경험부터 시작해서 과정과 결과까지 정말로 구체적으로 설명할 수 있기 때문에 impact가 다소 떨어져도 충분한 접근이 가능하다. 그런 측면에서 에피소드 자체의 impact보다는 항목의 구체적인 요구에 충실한 에피소드가 될 수 있는지가 역량 기술에서는 조금 더 중요하다 하겠다.

3. 지금까지 다양한 고객을 상대하면서, 고객을 만족시키기 위해 적극적으로 노력하였던 경험에 대하여 기술하여 주시기 바랍니다.

3-1. 고객을 상대한 경험과, 본인이 생각하는 고객의 정의에 대해 기술해 주십시오.

> **고객은 흐르는 물과 같다**
>
> 물이 위에서 아래로 흐르듯이 고객도 자신들이 원하는 방향으로 이동한다고 생각합니다. 필요와 욕구를 충족시켜줄 수 있는 서비스나 제품을 제공하는 기업이 있다면 그쪽으로 방향을 정하는 것처럼 고객들이 기업을 찾는 목적은 참으로 다양하고 복잡합니다. 하지만 고객은 거기에서 멈추지 않고 서비스와 제품을 따져가며 최종 결정을 내리기 전에 많은 생각을 합니다. 따라서 기업들은 고객들이 찾아왔을 때는 물론 다른 방향으로 흐르는 고객의 방향까지도 자신들 쪽으로 틀어 놓을 수 있을 만한 서비스를 제공하고 제품을 개발해야 한다고 생각합니다. 저는 대학교에 진학한 이후에 방학을 활용하여 다양한 서비스 업무를 경험하였기 때문에 흐르는 물을 잡는 방법을 잘 이해하고 있습니다.

고객은 흐르는 물과 같다는 정의를 내리면서 그것을 구체적으로 설명하였다. 그리고 대학교에 진학한 이후 방학을 활용하여 서비스 업무를 경험했다는 것으로 고객을 상대한 경험을 전달하였다. 이어지는 3-2에서 이 경험은 더욱 구체화된다.

> **3-2. 고객을 만족시키기 위하여 어떤 노력을 기울였습니까? 구체적으로 기술하여 주십시오.**
>
> 고객을 기억하라
>
> 2년 전 여름 방학을 이용하여 ○○마트의 야채 코너에서 판매 아르바이트를 하면서 고객을 만족시키기 위하여 노력하였습니다. 먼저 저는 만나는 고객마다 60도로 고개 숙여 인사하였습니다. 반갑게 맞아주는 저에게 고객들도 웃는 얼굴로 대해 주었습니다. 그리고 어떤 야채가 어디에 위치하고 있는지 파악하여 고객들이 원할 때 한 번에 찾아주기도 하였습니다. 마지막으로 신선한 야채를 앞쪽에 진열하고 상대적으로 오래된 야채는 뒤쪽에 진열하고 고객들이 신선한 제품을 먼저 발견할 수 있도록 도움을 주었습니다. 저의 이러한 노력으로 많은 수의 고객들을 만족시킬 수 있었고 단골 손님들도 많이 늘어나게 되었습니다.

하지만 이 정도의 내용으로는 부족하다. 앞에서도 말했지만 에피소드 자체가 주는 impact가 크지 않다면 항목의 요구에라도 충실하게 맞춰야 하는데 위 정도의 내용은 '지금까지 다양한 고객을 상대하면서 고객을 만족시키기 위해 적극적으로 노력한 경험'치고는 조금 약하다. 누구나 해볼 수 있는 내용이기 때문이다. 뭐가 특이한가?

고객에게 60도로 고개 숙여 인사하거나 반갑게 맞이하는 행동, 상품의 위치를 파악하는 행동 등은 고객을 다루는 모든 사람들이 갖추어야 하는 그야말로 기본적인 것들일 뿐이다. 이런 정도로는 기업이 요구하는 일을 해낼 수 있는 힘이 충분하다는 것을 전달하기 어렵다. 한 단계 더 들어가서 다음 정도의 내용까지는 뽑아주어야만 한다.

> **3-2. 고객을 만족시키기 위하여 어떤 노력을 기울였습니까? 구체적으로 기술하여 주십시오.**
>
> **고객을 기억하라**
>
> 2년 전 여름 방학을 이용하여 ○○마트의 야채 코너에서 판매 아르바이트를 하면서 고객을 만족시키기 위하여 노력하였습니다. 먼저 저는 고객을 기억하였습니다. 마트의 특성상 하루에도 엄청나게 많은 고객들을 상대하지만 일주일 정도가 지나면 자주 얼굴을 비추는 고객들을 파악할 수 있습니다. 저는 그들의 얼굴을 기억하고 마지막에 어떤 야채를 구매하였는지 기억하였습니다. 다음 번에 야채 코너에 들렀을 때 가벼운 인사와 함께 '지난번에 사가셨던 호박으로 된장찌개 맛있게 드셨어요?'와 같은 그 고객만을 위한 질문을 던졌습니다. 그리고 반찬용, 찌개용으로 가장 적당한 야채는 어떤 것이 있는지 선배들에게 물어서 그 고객에게 직접 야채를 추천해 주기도 하였습니다.

어떤가? 이 정도의 내용이면 고객을 만족시키기 위한 노력으로 충분해 보이지 않은가? 기업이 요구하는 일을 해낼 수 있는 힘이 느껴지는가?

3-3. 고객을 상대하거나 고객만족을 위한 활동을 통해서 본인이 습득한 교훈은 무엇입니까?

고객은 감동에 움직인다

고객은 자신만을 위한 서비스를 받기 원합니다. 저는 그 점에 착안하여 고객을 단체로 보지 않고 개인으로 분리하여 개인별 맞춤 전략을 세웠고 그 전략은 딱 들어맞았습니다. 또한 단골이 된 고객이 또 다른 새로운 고객을 저에게 데리고 오는 것을 보면서 한 명의 충성 고객을 잡는 것이 얼마나 큰 효과를 일으키는지에 대한 것도 몸소 깨달을 수 있었습니다. 이러한 고객 서비스 경험은 아르바이트가 끝난 이후에는 저의 개인적인 생활에도 영향을 주어서 다른 사람들을 먼저 배려하고 그들의 이야기를 경청하고 사소한 부분까지도 기억하여 더 좋은 대인관계를 형성할 수 있었습니다.

많은 역량 기술 항목은 마지막으로 경험의 결과나 교훈을 묻는다. 설령 항목에서 이것을 묻지 않더라도 결론은 항상 교훈으로 마무리가 되어야만 한다. 그래야 입사 후에 이 경험을 적용할 수 있다는 것을 확실하게 알려줄 수 있다. 하지만 이러한 결론도 에피소드의 시작과 과정이 좋지 않다면 큰 힘을 얻지 못할 것이다. 그런 측면에서 역량 기술은 어느 한 파트라도 엉성하게 작성되면 그 항목 전체의 힘을 떨어뜨릴 수도 있는 작성이 까다로운 항목이라 하겠다.

실제로 역량 기술을 포함한 기업은 지원자들이 지원을 꺼리거나 포기하는 경우도 꽤 있다는 것에 안타까움을 느낀다고 한다. 하지만 반대로 생각해보면 진짜로 관심과 열정이 있는 사람만 지원한다고 볼 수 있기 때문에 오히려 묻지마 지원자들을 자동으로 걸러내는 도구가 되고 있다고 입을 모은다. 따라서 역량 기술을 정성스럽게 잘 작성한다면 자신에게 더 유리한 기회로 삼을 수 있을 것이고 면접에서도 그만큼 좋은 결과를 얻게 될 확률이 높아진다.

POINT 친절한 포인트 정리

① 항목이 주는 가이드를 적극적으로 활용하라.
② 자신의 역량을 보여줄 수 있을 정도로 구체적으로 작성하라.
③ 너도 나도 다 해볼 수 있는 내용은 피하라.

성공/실패 사례
(성취감, 어려움, 극복 등)

성공과 실패 사례도 까다로운 항목으로 자주 등장한다. 여러분들이 지금까지 수행해온 모든 활동의 결과는 성공과 실패로 나눌 수 있다. 따라서 모든 경험을 결과로 구분할 수는 있겠지만 모든 성공 혹은 실패한 사례를 작성할 수는 없기 때문에 역시 impact에 신경을 쓸 수밖에 없다.

LG패션 **LG** *Fashion*

- 인생에 있어서 가장 성취감을 느꼈던 사례 또는 힘들었던 경험(구체적으로 작성).

대한항공 **K REAN AIR**

- 직장생활에서 활용 가능한 인생에서의 성공/실패 경험.

동부그룹 ☀ 동부

- 자신이 가진 열정을 발휘하여 성취감을 느꼈던 경험을 기술하십
  시오.

효성 **HYOSUNG**

- 인생에서 성공했던 경험과 실패했던 경험을 기술하여 주십시오.

LG전자 **LG전자**

- 본인의 가장 큰 실패 경험에 대하여: 현재까지의 실패 경험 중 가
  장 기억에 남는 일에 대해서 서술하십시오.

LS전선 **LS전선**

- 어떤 목표를 세우고 그 목표를 달성하기 위해 노력했던 사례와 그
  결과에 대해 구체적으로 기재해 주시기 바랍니다.

삼성탈레스 **SAMSUNG | THALES**

- 최근(3~4년 내) 귀하가 가장 노력을 기울였던 성공 또는 실패 경험
  사례를 소개바랍니다.

─ GS칼텍스 ─

- 가장 성취감을 느꼈던 일은 무엇이었습니까? 그 일을 시작하게 된 동기와 달성하기 위해 어떤 노력을 기울였는지 작성해 주십시오.

─ 현대모비스 ─

- 본인이 스스로 도전적인 목표를 세우고 계획하여 성과를 이룬 경험을 구체적으로 기술해 주십시오.

─ CJ홈쇼핑 ─

- 지금까지 겪었던 일들 중 어려웠거나 실패했던 경험은 무엇이었으며, 어떻게 대처했는지 기술해 주세요.

─ 신한카드 ─

- 지금까지의 인생에서 가장 기억에 남는 실패 경험은 무엇이며, 상황극복을 위해 본인은 어떠한 노력을 했는지 기술하여 주십시오.

─ 태평양 ─

- 최근 5년간 열악한 환경을 극복하고 성공적으로 일을 마무리했던 경험 한가지를 상세히 기술하시오.

─ 웅진 ─

- 본인의 경험 中, 조직의 일원으로서 성공적 문제해결(또는 목표달성)

의 경험이 있다면 본인의 역할 중심으로 서술해 주시기 바랍니다.
- 본인의 경험 中, 가장 기억에 남는 실패 경험이 있다면 실패의 내용과 그 원인, 그리고 실패에서 얻은 교훈 등을 서술해 주시기 바랍니다.

금호 아시아나

- 예상치 못했던 문제로 인해 계획대로 일이 진행되지 않았을 때, 책임감을 가지고 적극적으로 끝까지 업무를 수행해내어 성공적으로 마무리했던 경험이 있으면 서술해 주십시오.

아모레퍼시픽

- 최근 5년 동안 귀하가 경험한 대표적인 실패사례는 무엇이며, 이를 극복하기 위하여 어떤 일을 했습니까? (또는 하고 있습니까?)

역시 항목들을 보니까 '가장 성공한 경험' 혹은 '가장 실패한 경험'을 원한다는 것을 볼 수 있다. 성공한 경험은 '열정'이나 '가장 자랑스러운 혹은 가장 큰 성취감' 등으로도 변형되어서 나온다. 반면 실패한 경험은 '가장 어려웠던 일, 가장 기억에 남는 실패, 가장 큰 난관' 등으로도 응용되고 있다. 또 어떤 경우에는 둘 중 하나를 고르라고도 한다. 어떻게 접근하는 것이 가장 현명한 방법일까?

성공이나 실패 둘 중 하나를 작성하라는 항목에서 반드시 성공한 사례를 작성하는 것이 도움이 되는 것은 아니다. 물론 성공이라는 단어가 주는 긍정적인 효과는 무시할 수 없겠지만 그냥 얼레벌레

하다가 성공했다는 에피소드를 작성한다면 성공했다고 하더라도 큰 감동을 주기는 어려울 것이다. 그렇게 할거면 차라리 실패를 통하여 배운 교훈에 집중하여 에피소드를 전달하는 것이 훨씬 유리하다.

성공담을 작성할거면 성공했다는 것 자체가 주는 이점을 살리기 위하여 확실한 성공의 이야기를 구체적으로 알려주어야 한다. 애매한 단어와 문장을 활용하여 읽는 이를 혼란스럽게 하지 말고 성공이라면 얼마만큼의 성공인지 상세하게 풀어라.

동부그룹 ✿ 동부

• **자신이 가진 열정을 발휘하여 성취감을 느꼈던 경험을 기술하십시오.**

열정으로 일군 결과

대학교에 입학하자마자 시작했던 연극 동아리 활동은 창의적인 발상을 바탕으로 한 저의 열정을 보여주기에 충분합니다. 저는 3학년 때부터 동아리의 회장을 맡게 되었고 동아리에서 전통적으로 행해오던 거리 간판대 홍보에 변화를 주기 시작했습니다. 홍보 범위를 타전공 강의실로 확대하였고 학생들의 이목을 집중시킬 수 있는 가발과 의상을 동원하여 교내 홍보를 진행하였습니다. 너무 많은 인파가 몰려드는 바람에 문제가 되기도 하였지만 동아리의 공격적인 홍보는 멈추지 않았습니다. 그 결과 전년도에 50명 수준에 머물렀던 관객수를 1회 공연당 100명으로 2배까지 올려놓았고 올해에는 드디어 100명을 돌파하였습니다. 모든 열정을 쏟는 저의 성향과 과감한 변화를 꾀하는 시도가 빛을 발하는 순간이었습니다.

대학교에 입학하자마자 연극 동아리 활동을 시작하였고 3학년 때부터는 회장으로 활동하였다는 것은 자신이 가진 열정을 보여주기에 충분한 시작이다. 다양한 홍보 활동과 창의적인 발상 등은 지원자가 얼마나 열심히 활동했는지를 보여주는 증거가 된다. 그리고 중요한 것은 구체적인 결과이다. 만약 지원자가 관객수 1회 공연당 100명을 돌파했다고만 말했으면 읽어보는 그 누구도 그것이 얼만큼의 성공인지 파악하기 어려울 것이다. 하지만 구체적인 수치와 비교를 통하여 자신의 열정이 어떤 성공을 가져왔는지 조목조목 따지고 있다.

이렇게 성공한 사례는 성공이라는 것에 초점을 맞춰서 최대한으로 긍정적인 이미지를 전달하는 데 집중하도록 하자. 또 Start 2에서 배운 '올리고 법칙'을 최대한으로 활용해 봄직하다. 성공은 아무래도 나의 역할이나 비중 등이 중요하게 작용하기 때문에 성공의 한 가운데 내가 있다는 것을 알려주는 것이 중요하겠다.

실패 사례는 조금 다른데 이건 실패한 내용을 조목조목 따져봤자 본인에게 손해가 된다. 묻지도 않았는데 잘못한 것을 알아서 다 불어버리는 꼴이 될 수 있다. 따라서 이 경우에는 실패를 통하여 무엇을 배웠는지 그리고 지금은 무엇을 할 수 있는지 혹은 나중에 그것을 어떻게 활용하여 성공했는지 등에 집중하는 것이 좋은 방법이다.

아모레퍼시픽 AMORE PACIFIC CORPORATION

• 최근 5년 동안 귀하가 경험한 대표적인 실패사례는 무엇이며, 이

를 극복하기 위하여 어떤 일을 했습니까? (또는 하고 있습니까?)

잘못된 선택으로 놓쳐버린 해외 경험

군대를 전역하고 복학하기 전까지 잠깐의 휴식 기간이 있었습니다. 군에 있을 때 해외 유학과 여행에 대한 계획을 세워두고 주위에 경험이 있던 선임병, 후임병, 장교들에게 자문을 구하면서 철저하게 준비하였습니다. 다행히 그 동안 아르바이트를 통하여 조금씩 모아둔 돈으로 일정 기간 연수를 받을 수 있는 비용은 마련되어 있었습니다. 연수를 받으면서 아르바이트로 돈을 모아서 북미 지역을 배낭 여행으로 돌아볼 계획을 세워 두었습니다. 하지만 전역하고 나니까 생각보다 기간이 길어질 가능성이 있어서 한 학기를 더 휴학해야 될지도 모르는 상황에 처하고 말았습니다. 저는 오랫동안 계획한 일이기 때문에 무조건 실천에 옮긴다는 생각이었지만 먼저 전역한 친구들이나 선배들의 만류에 부딪치게 되었습니다. 졸업하기 전까지 학점에도 신경을 써야 했고 자격증이나 각종 시험 등 취업을 위해서 갖추어야 할 것들이 너무나도 많아서 지금 시기에 휴학을 더 한다는 것은 현실적이지 못하다는 의견이 대부분이었습니다. 저는 그렇게 우유부단하게 결정을 내리지 못한 상태로 억지로 복학을 하게 되었고 큰 세상을 경험할 수 있는 좋은 기회를 놓치고 말았습니다. 다른 사람들의 의견을 참고하는 것도 중요했지만 제 자신이 옳다고 생각했던 것을 행동으로 옮기지 못했던 제 자신이 원망스러웠습니다. 그 때로 돌아갈 수 있다면 일단 계획한 것을 밀고 나가 행동에 옮기고 싶습니다.

이 샘플은 실패한 내용 자체를 너무 자세하게 다루었기 때문에 자신에게 너무 부정적인 이미지만 심어주게 되었다. 또한 항목은 실패를 극복하기 위하여 어떤 일을 했거나 하고 있는지를 묻고 있는데 이에 대한 내용은 전혀 전달하지 않았다. 오히려 자신의 실패한 행동을 원망하면서 현재의 상황을 후회하는 내용만 담겨 있을 뿐이다. 실패한 내용에는 다음 샘플과 같은 전략이 필요하다.

CJ홈쇼핑

• **지금까지 겪었던 일들 중 어려웠거나 실패했던 경험은 무엇이었으며, 어떻게 대처했는지 기술해 주세요.**

지난해 하계 방학 때 ○○그룹에서 주최한 marketing challenge 프로그램에 참여한 경험이 있습니다. 5명이 한 조를 이루는 팀에서 조장을 맡아서 5일간의 교육 기간 동안 다양한 과제를 동시에 진행하였습니다. 방학 기간이었지만 아르바이트나 봉사 활동 등으로 조원 모두 바쁜 생활을 하고 있었기 때문에 모두들 잠을 줄여가며 협동심을 발휘하였습니다. 조장으로서 저는 조원들이 1시간씩 돌아가면서 휴식을 취할 수 있는 스케줄을 활용하고 각 전공별로 어울리는 역할을 분담하여 과제 수행의 효율성을 높였습니다. 매일 교육 후 별도의 시간을 활용하여 그날의 진행과 결과를 확인하고 잘 한 점은 격려하였고 보완할 부분은 바로 개선할 수 있도록 하였습니다. 며칠 밤을 함께 새우고 고생하면서 강한 유대 관계를 형성할 수 있었으며 나만을 위해서가 아니라 우리를 위해서 목표를 달성하는 것이 얼마나 중요한 것인지를 깨달을 수 있었습니다. 하지만 프로젝트의 결과는 좋지 못했습니다. 프로젝트를 마친 후에 모임을 통하여 조원들은 각자 자신이 부족했던 부분을 알아보는 시간을 가졌습니다. 제 경우에는 조장으로 조원들을 통솔하는 데 어려움이 있었다는 것을 부정할 수 없었습니다. 그래서 이후 시간을 내에서 ○○교육기관에서 진행하는 일주일간의 리더십 강화 교육에 참여하였습니다. 팀원의 협동을 우선으로 하여 시너지 효과를 과정 중에서는 실패에 초점을 맞추지 않았다. 그렇다고 특별하게 본인이 잘못하여 일을 그르쳤다는 식의 접근도 아니다. 만약 그랬다면 아무리 좋은 교훈을 얻었어도 본인의 잘못한 행동이 너무 많이 노출되었을 것이다. 간혹 실패 경험에서 '내리고 법칙'을 활용하여 다른 사람들의 잘못을 극대화하는 경우가 있는데 이 항목에서는 '내리고 법칙'을 활용하는 것이 별로 효과적이지 않다. 그 이유는 실패한 결과의 책임을 다른 사람에게 전가하는 것처럼 보일 수 있기 때문이다. 위 지원자 역시 나중에 결과가 실패였음을 알린 후에 바로 본인이 얻은 교훈으로 넘어갔다. 대부분의 여러분들은 여기에서 이야기를 마무리할 것이다. 하지만 이 지원자는 교훈을 통하여 얻은 부족한 부분을 교육을 통하여 보완하였고 나중에 그것을 적용하였다는 것까지 상세하게 전달하고 있다. 분명히 실패한 사례이지만 성공한 사례와 견주어도 전혀 손색이 없을 만한 에피소드이다.

이렇게 본다면 실패 사례는 보완점을 작성하는 것과 비슷하다는 것을 파악할 수 있다. 보완점의 경우에 단점을 솔직하게 알리고 보완 방법을 알고 있다는 것을 전달했다. 실패 사례 역시 실패했다는 사실 자체는 어떤 방법으로도 포장할 수 없다. 따라서 솔직하게 그대로 알리되 가능하면 나의 잘못도 다른 사람의 잘못도 부각시키지

않는 범위 내에서 실패를 알린다. 그리고 실패를 통하여 얻은 교훈
즉 다음번에 동일한 일을 다시 한다면 실패하지 않을 것이라는 느낌
을 전달할 수 있을 만한 깨달음을 알려 주는 것이다.

① 성공 혹은 실패 사례 중에서 더 확실한 impact를 줄 수 있는 에
피소드를 골라라.
② 성공은 '올리고 법칙'을 최대한 활용하고 결과를 극대화한다.
③ 실패는 실패를 통하여 얻은 교훈이나 능력, 자질 등에 집중한다.

경쟁력 및 특기 사항

다음으로 볼 까다로운 항목은 경쟁력과 특기 사항이다. 우선 항목부터 보자.

코오롱 그룹 ❈KOLON

- 나의 One&Only(자신의 차별화된 경쟁력, 성격의 장단점 등).

현대모비스 MOBIS

- 타인과 구별되는 자신만의 경쟁력 한가지와 이를 얻기 위해 본인
  이 노력했던 경험을 기술해 주십시오.

226

─ LG상사 **LG상사**

• 타인과 차별화된 자신만의 개성 / 역량.

─ 현대카드 *HyundaiCard*

• 지원분야를 본인이 잘 수행할 수 있다고 생각하는 이유에 대해 구체적으로 기술하세요.

─ 한화석유화학 한화석유화학

• 자신이 왜 우리회사에 적합한 인재인지 기술하십시오.

─ 금호아시아나 금호아시아나

• 귀하가 지원한 직무는 무엇이며, 지원한 직무를 성공적으로 수행할 수 있다고 생각하는 이유를 본인의 경험에 기반하여 내세울만한 강점 혹은 개성을 바탕으로 서술해 주십시오.

─ STX **stx**

• 다른 사람과 차별화된 능력을 갖추기 위해 지속적으로 시간과 자원을 꾸준히 투자하여 자기 계발한 경험에 대해서 기술해 주십시오.

─ 한국 오츠카제약 Otsuka

• 남다른 취미 특기 지식이나 재능

삼부토건 SAMBU

- 특기사항에 대해 기술하십시오.

한화63시티 한화63시티

- 특기분야

효성 HYOSUNG

- 자신의 성격 및 남다른 지식이나 재능에 대하여 기술하여 주십시오.

한솔 Hansol

- 특기사항(사회 활동 및 서클활동/해외 연수 경험 등).

태평양

- 남다른 특기, 재능 또는 특별활동이 있었다면 구체적으로 기술하시오.

기업은행 IBK 기업은행

- 귀하가 직장생활을 하는데 도움이 될 수 있는 경험, 장점 또는 특기 등 다른 지원자와 차별화 될 수 있는 내용을 기술하여 주십시오.

이 항목은 경쟁력이라는 단어가 어떤 식으로 사용되었는지를 파악하는 것이 무엇보다 중요하다. 예를 들어서 '자신의 차별화된 경쟁력', '타인과 구별되는 자신만의 경쟁력' 등으로 활용되었다면 이건 그야말로 자신이 가지고 있는 최대의 경쟁력을 작성해야 한다. 이것은 간혹 '지원 분야를 본인이 잘 수행할 수 있다고 생각하는 이유'나 '지원자가 왜 지원 회사에 적합한 인재인지에 대한 설명' 등으로도 응용된다. 그 이유나 설명 역시 확실하게 내가 남들보다 뛰어난 무언가를 알려야만 어필이 가능한 수준이 될 것이다.

금호아시아나

• 귀하가 지원한 직무는 무엇이며, 지원한 직무를 성공적으로 수행할 수 있다고 생각하는 이유를 본인의 경험에 기반하여 내세울만한 강점 혹은 개성을 바탕으로 서술해 주십시오.

글로벌 마인드로 새로운 문화를 만들겠습니다

대우 건설은 말레이시아 쿠알라룸프르에 최고급 주상복합 아파트인 월드미그 쿠알라룸프르를 기반으로 말레이시아 및 동남아시아 주택 시장에 본격적으로 진출하였습니다. 저는 지난 여름 싱가포르에서 어학 연수를 마친 후에 중소 설계 사무소에서 인턴으로 6개월간 근무하면서 싱가포르와 말레이시아의 주거 단지에 대한 조사를 주 업무로 하였습니다. 대학에서 배웠던 선공 지식을 활용하는 한편 동남아시아의 주거 문화와 시장에 대한 지식을 넓힐 수 있었던 소중한 경험이었습니다. 또한 캐나다에서의 어학 연수를 통해서도 많은 동남아권 학생들과 교류하였고 그들의 생각과 문화에 대해서 경험해볼 수 있었습니다. 뿐만 아니라 영어 의사 소통 능력을 눈에 띄게 향상시킬 수 있었기 때문에 향후 어떤 외국인과의 업무도 문제 없이 해낼 수 있는 기반을 다졌습니다. 직접 몸으로 배운 경험은 제가 대우 건설의 해외 사업에서 중요한 부분을 담당할 수 있는 원동력이 되어 줄 것입니다.

지원 직종, 직종, 분야에 확실한 도움이 되는 내용이다. 만약 경쟁력을 묻는 항목이 없다면 다른 일반적인 항목을 통해서 이런 경쟁력을 어필해야 한다. 하지만 고맙게도 기업에서 대놓고 질문을 해주니까 우리도 어렵게 다른 항목을 통하여 경쟁력을 맞추는 수고를 덜 수 있고 그냥 대놓고 나의 핵심 경쟁력을 전달할 수 있는 것이다. 그런 측면에서 본다면 경쟁력은 단순한 성격의 장점이나 인재상 등을 뛰어넘는다고 볼 수 있다. 따라서 이런 항목을 보게 된다면 장점이나 인재상은 다른 항목에서 맞추고 이 항목에서는 '나를 반드시 뽑아야만 하는 구체적인 이유'를 밝혀서 항목의 이점을 적극적으로 활용하는 것이 유리하겠다.

---- STX **stx** ----

• 다른 사람과 차별화된 능력을 갖추기 위해 지속적으로 시간과 자원을 꾸준히 투자하여 자기계발한 경험에 대해서 기술해 주십시오.

요약 - 어학 연수와 영어 회화 능력

글로벌 시대에 어울리는 인재가 되기 위한 영어 능력을 상향시키기 위하여 꾸준하게 노력해오고 있습니다. 학과 중에도 영어 회화 책을 손에서 놓지 않았고 매일 단어 암기를 생활화합니다. 또한 새벽 시간을 활용하여 영어 회화 학원에 다니면서 감각을 유지하고 있습니다. 휴학을 하면서는 틈틈이 아르바이트를 하며 자금을 모아서 미국으로 단기 어학 연수를 다녀왔습니다. 한국 학생들이 가장 없는 학교를 골라서 1달간 단기 속성 코스를 이수하였고 이후에는 여러 도시를 여행하면서 그들의 문화를 이해하고자 노력하였습니다. 비록 짧은 시간이기는 하였지만 다른 문화나 다른 사람이 틀린 문화나 틀린 사람이 아니라는 것을 깨달을 수 있었고 세상을 보는 시야 역시 넓힐 수 있었습니다. 이러한 저의 차별화된 능력은 귀사에서 근무하면서 다르게 생각하고 다르게 행동할 수 있는 원동력이 되어 줄 것이라고 생각합니다.

하지만 경쟁력은 확실하게 타인과 구별되는 것을 선택해야만 한다. 다른 사람과 차별화되지 않으면 그것은 경쟁력이 아니라 그저 일반적인 수준의 장점이 될 가능성이 높다. 위처럼 어학 연수나 영어 학원을 다니면서 영어 실력을 키웠다거나 남들도 다 취득하는 자격증을 언급한디기나 히는 등의 노력은 자신만이 갖추고 있는 경쟁력이 아니라는 점에서 큰 의미를 부여하기 어렵다. 마찬가지의 이유로 관련 서적을 탐독하고 블로그에 방문해 최신 정보를 얻는다는 등의 접근도 남들이 다 해볼 수 있는 기본적인 수준이 될 확률이 높다. 따라서 그저 내가 가지고 있는 경쟁력을 뽑기보다는 남들이 가지고 있지 않는 것 중에서 내가 가진 것은 무엇인지를 먼저 생각해보아야 할 것이다.

> • 타인과 구별되는 자신만의 경쟁력 한가지와 이를 얻기 위해 본인
> 이 노력했던 경험을 기술해 주십시오.
>
> 저는 경영학을 전공하면서 마케팅에 대한 지식을 꾸준하게 쌓아
> 왔습니다. 또한 ○○그룹에서 주최한 마케팅 페어 등에 참여하면
> 서 이론을 실무에 적용해볼 수 있는 기회도 가질 수 있었습니다.
> 지난 여름 방학 때는 세계적으로 유명한 제약회사인 ○○○에서
> 일반 사무 업무를 보조하는 인턴으로 3개월간 일하였습니다. 특히
> 영업에 관련된 자료들을 많이 다루어볼 수 있었고 영업을 담당하
> 시는 선배님들과 많은 시간을 보낼 수 있었습니다. 마케팅의 실질
> 적인 활동이 되는 영업이 실무에서 마케팅과 어떤 식으로 연결되
> 어 진행되는지도 직접 확인해볼 수 있었습니다. 또 글로벌 기업이
> 니만큼 영어로 된 문서를 번역하거나 외국인 직원들과도 의사소통
> 할 수 있는 기회를 가질 수 있어서 글로벌 업무 환경에 대한 자신
> 감도 함께 키울 수 있었습니다. 저의 이러한 경험과 배경은 귀사의
> 마케팅 업무가 필요로 하는 인재에 어울리는 충분한 자질이 될 것
> 이라고 생각합니다.

경쟁력을 하나만 내세워서 차별화를 시도하기 벅차다면 위와 같
이 직종이나 지원 분야에 초점을 맞춘 여러 경쟁력을 모아서 하나의
큰 경쟁력으로 만드는 것도 괜찮다. 경영학 전공을 통한 마케팅 지
식, 마케팅 페어 참여, 인턴십을 통한 실무 경험과 글로벌 마인드 등
은 사실 하나씩 떼어 놓으면 다른 지원자들도 충분히 가질 수 있을
만한 수준의 경쟁력이라 하겠다. 하지만 마케팅이라는 한 점에 이르
는 지식과 활동, 경험을 총정리하여 경쟁력을 만들었기 때문에 충분

한 배경을 갖춘 지원자라는 점을 어필하는 것이 자연스럽다.

특기 분야의 경우에는 경쟁력과 조금 차이가 있다. 보통 항목의 순서에서 그 중요도가 결정되는데 경쟁력을 원하는 항목의 경우에는 대부분 항목의 앞쪽에 위치하고 있다. 하지만 특기 분야의 경우에는 대부분 항목의 뒷부분에 위치하고 있는 것을 볼 수 있는데 이것은 특기 분야가 경쟁력이라기보다는 경쟁력이나 장점 등을 모두 전달한 이후에 추가적으로 더 알려줄 수 있는 도움이 되는 내용을 말하는 것이기 때문이다. 특기 분야가 메이저급의 경쟁력은 아니겠지만 그래도 특기라는 뜻이 '남이 가지지 못한 특별한 기술이나 기능'을 말하는 것이니까 가능하면 남들이 갖지 못한 것에서 찾아보는 것이 좋을 것이다.

── 한화63시티 (⑥ 한화63시티) **──**

• 특기분야

된장찌개 끓이기

된장찌개는 한국 사람들이 가장 즐겨먹는 음식으로 잘 알려져 있으며 대부분의 사람들이 손쉽게 만들어 먹을 수 있습니다. 하지만 가장 기본이 되는 음식이기에 오히려 더 어려울 수 있다고 생각합니다. 기본에 충실할 수밖에 없는 음식이기도 하거니와 기본 바탕에 각자의 기호에 따라 여러 재료를 첨가하여 본인만을 위한 독특한 된장찌개를 만들 수 있습니다. 저는 가장 기본적인 된장찌개부터 각자의 입맛을 맞출 수 있는 된장찌개까지 두루 끓일 수 있습니다. 그리고 이것은 가장 기본이 되는 인성을 바탕으로 다양한 사

위와 같은 개성 넘치는 접근도 재미있다. 된장찌개 끓이기를 본인이 지원하는 영업에 도움이 되는 특기로 맞추었다. 와인에 관심이 많아서 관련 수업을 들은 경험이 있고 이를 통하여 비즈니스 매너 등도 함께 익힐 수 있었다는 내용도 좋다. 아르바이트를 하다가 바텐더에 관심을 갖게 되어서 자격증을 취득하였고 칵테일을 만드는 창의적인 생각이나 손님을 대하는 대화 능력을 길렀다는 식의 접근도 괜찮다. 마술을 통하여 처음 만난 사람들의 호감을 이끌어낼 수 있고 대인 관계 능력에 큰 도움이 된다는 접근도 본 적이 있다. 끈기를 요하는 직종에 오래 달리기라는 특기를 활용한 지원자도 보았고 자동차 회사에 지원하는 지원자가 신차 성능 분석이라는 특기를 작성했던 경우도 있었다.

이렇게 취업에서는 내가 가진 아무리 하찮아 보이는 내용일지라도 지원 분야, 직종, 직무 등과 연결할 수 있는 끈을 찾아내는 것이 중요한 것이다.

① 경쟁력은 내가 지원 분야, 직종, 직무에 적합한 이유를 구체적
  으로 제시해야 한다.

② 항목의 위치를 파악하여 중요도에 따라서 작성하라.

③ 특기와 지원 분야, 직종, 직무와의 연결 끈을 찾아내라.

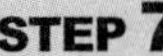

정직/윤리

정직과 윤리는 사실 그렇게 자주 등장하는 항목은 아니다. 그렇기 때문에 여러분들도 많은 샘플을 접해보지 못했을 것이고 이런 항목이 포함되었을 때 어떻게 대처해야 하는지 방법을 찾기도 쉽지 않을 것이다.

GS 리테일

- 정직함에 대하여 기술하십시오(경험이 있다면 그 상황에서의 본인의 입장 및 대처 사례).

금호 아시아나

- 개인적인 어려움과 희생을 각오하고 윤리적, 도덕적으로 행동했던 경험이 있다면 서술해 주십시오.

대웅제약

- 신념지향: 어려운 상황에서도 자신의 윤리적 신념(가치관)을 일관되게 지켜나가려는 성향.

미래에셋 증권

- 옳은 일을 위해 원칙과 소신을 지켰던 경험.

_애경_

- 쉽고 빠르지만 올바르지 못한 길보다, 어렵고 더디지만 떳떳한 길을 택한 경험을 서술하시오. 왜 그러한 선택을 했으며 결과는 어떠했습니까?
- 본인의 소신을 끝까지 시켜본 경험이나, 누군가에게 큰 믿음을 받아 본 경험을 기술하시오. 경험을 통해 깨달은 바는 무엇입니까?

샘표식품

- 개인적인 희생이 있음에도 불구하고, 윤리적, 도덕적으로 행동했던 경험을 기술해 주십시오.

- 개인적인 어려움과 희생을 각오하고 윤리적, 도덕적으로 행동했던 경험을 서술해 주시기 바랍니다.

- 개인의 희생을 각오하고 윤리적으로 행동하였던 경험을 서술해 주십시오.

정직과 윤리는 사실 상당히 기본적인 자질이라서 이런 경험을 작성하는 것 자체가 민망스럽기까지 하다. 그냥 꾀부리지 않고 잔머리 굴리지 않고 열심히 주어진 임무를 수행했다면 그런 것도 정직하고 윤리적으로 일한 것으로 보아야 하겠지만 이런 내용은 너무 일반적이라서 정직과 윤리를 극대화하여 에피소드를 풀어가는 것이 쉽지 않다. 소매치기나 도둑을 잡은 경험이 있다거나 누가 잃어버린 거액의 돈을 찾아주었던 경험, 길에서 심하게 다친 사람을 병원으로 데려다 준 경험 등은 정직과 윤리를 어필하기에 그만인 경험들이지만 이런 경험은 절대로 흔하지 않다. 우리의 일상적인 생활에서 찾기 어려운 경험들이고 그렇다고 '구라와 포장 사이'에서 너무 구라 쪽으로만 치우칠 수도 없는 노릇이다.

> •개인적인 희생이 있음에도 불구하고, 윤리적, 도덕적으로 행동했던 경험을 기술해 주십시오.
>
> ### 항상 정직하게 살자
>
> 가정 형편이 넉넉하지 못해서 저는 항상 아르바이트를 통해서 모은 돈으로 생활하고 있습니다. 매 학기 등록금은 부모님께서 내 주시지만 그것이 부담이라는 것을 알기에 단 한 번의 불평, 불만도 없이 저의 생활비만은 제 스스로 해결하고 있습니다. 하지만 4학년이 되면서 각종 자격증 및 토익 시험 응시료 문제로 생활비가 부족하게 되었습니다. 학점과 취업에 신경 쓰기도 벅찬 시간에 아르바이트는 꿈도 꿀 수 없었고 그렇다고 부모님께 손을 벌릴 수도 없었습니다. 그때 주위에서 제가 보유하고 있는 기사 자격증을 1년만 대여하면 사례금을 받을 수 있다는 유혹을 받았습니다. 제가 처한 상황으로 보았을 때 쉽게 유혹에 빠질 수도 있었지만 항상 정직하게 살자는 저의 신념을 다시 떠올리면서 거절하였습니다. 기본 생활비를 조금 더 아끼고 틈틈이 아르바이트를 조금씩 병행하여 생활비를 해결할 수 있었습니다.

상황이 이렇다 보니까 자신이 닥친 상황에서 유혹에 빠지지 않고 이겨냈다는 식으로 접근하는 경우가 많더라. 하지만 이런 내용은 결국에 본전만 건진 것이다. 위 샘플에서도 생활비와 각종 응시료 마련이 급한 상황에서 자격증 대여라는 편법의 유혹을 물리쳤다는 식으로 상황을 만들었다. 그런 후에 자신은 그렇게 하지 않았다는 것을 자랑하며 정직과 윤리를 어필하고 있다. 하지만 상식 수준에서 생각했을 때 자격증을 대여한다는 것 자체는 기업에서 받아들일 수 있는 상황이 절대 아니다. 그리고 기업은 그런 유혹을 생각했다는 것 자체에서 지원자에 실망하고 말 것이다. '올리고 내리고 법칙'에서 '내리고 법칙'을 자신의 역할과 상황에 잘못 적용하여 상황을 최악으로 내렸다가 올렸는데 결국 다시 원점으로 돌아왔고 본인은 이미지만 깎아 먹었다. 위 내용을 작성했던 지원자는 학교에서 추천을 받아서 서류 전형 합격이 유리한 상황이었지만 이 내용 하나로 좋은 결과를 얻지 못했다.

금호 아시아나

• **개인적인 어려움과 희생을 각오하고 윤리적, 도덕적으로 행동했던 경험이 있다면 서술해 주십시오.**

대충할 순 없습니다

군을 전역한 후 네트워크 장비를 점검하는 회사에서 약 2달간 아르바이트를 하였습니다. 주 거래처인 대기업 빌딩 전체를 돌아다니면서 장비를 점검하는 업무였는데 50층이 넘는 빌딩의 각 층에 위치한 장비를 일일이 점검한다는 것은 쉬운 일이 아니었습니다. 그래서 기존에 있던 직원들은 한 층에 있는 서버룸만 철저하게 점검하고 나머지 층의 장비들은 대충 점검하는 방식으로 근무를 하고 있었습니다. 어차피 층마다 비슷한 장비들을 사용하고 있고 서버 룸에서 특별한 문제가 발생하지 않으면 다른 장비들 역시 이상이 없는 것이라며 저를 설득하려 하였지만 장비를 점검하는 업무라는 기본 정신에서 너무나도 벗어난 행동을 이해할 수 없었습니다. 저는 제가 있는 2달간 만이라도 제가 직접 나머지 장비들을 점검하겠다고 말하였고 50층이 되는 빌딩의 계단을 일일이 걸어서 각 층에 위치한 모든 장비들을 꼼꼼하게 정비하였습니다. 일을 맡

정직과 윤리를 에피소드 자체로만 풀려고 하지 말고 정직과 윤리에서 파생될 수 있는 단어들을 찾는 데 집중해보자. 앞에 열거한 기업의 항목에서 '신념지향, 어려운 상황, 개인적인 어려움과 희생, 떳떳한 길, 소신' 등의 단어를 찾아낼 수 있다. 또한 정직이라는 것은 '기본기를 지키고 원칙에 충실하다'는 뜻으로도 해석해볼 수 있다. 따라서 에피소드는 위의 샘플처럼 상황 자체를 어렵게 만들어서 개인적으로 어려움을 느꼈고 본인이 희생하여 기본이나 원칙, 소신에 충실하게 노력했다는 정도로 만들어볼 수 있겠다. 이 정도의 내용이라면 여러분들의 사회 활동이나 직무 경험 등에서도 충분히 뽑아낼 수 있다고 믿는다.

간혹 봉사 활동 자체를 그대로 활용하는 경우들도 있다. 아무래도 정직과 윤리라는 단어 자체가 봉사 활동과 가장 잘 어울릴 것이라는 생각들을 많이 하는 것 같은데 사실 봉사 활동은 정직과 윤리에 대한 에피소드로는 별로 어울리지 않는다. 왜냐하면 봉사 활동에 참여했다는 것 자체가 이미 자신을 희생하고 헌신하려고 약속했다는 증거가 되기 때문이다. 따라서 봉사 활동의 에피소드를 활용하고 싶다면 그것 자체로 승부를 거는 것이 아니라 그 활동에 참여한 다른 사람들보다 자신이 더 정직하고 윤리적으로 행동했다는 것을 보여줄 수 있는 에피소드가 필요하다.

- **정직함에 대하여 기술하십시오(경험이 있다면 그 상황에서의 본인의 입장 및 대처 사례).**

  지난 여름 학과를 대표하여 4주간 필리핀에 있는 중학교로 IT교육 봉사 활동을 갔습니다. 봉사를 성공적으로 마치고 남은 1주일간 각 일원들은 자유 시간을 가질 수 있었습니다. 개인 여행을 떠나기 하루 전 개인적인 사정으로 뒤늦게 교육에 참석한 현지 학생들이 더 배울 수 없다는 것을 매우 안타깝게 생각하는 모습을 보게 되었고 남은 1주일을 보충 교육으로 보내고자 결심하였습니다. 개인 여행에 대한 기대감도 있었고 계획도 세웠지만 저를 필요로 하는 학생들을 남겨두고 떠날 수는 없었습니다. 다행히 학교에서 무료로 교실을 빌려주어서 잠자리 걱정은 할 필요가 없었고 몇 명의 봉사자들도 저와 뜻은 같이 하기로 하였습니다. 여행을 갔었다면 사진을 남길 수 있었겠지만 저는 사진 대신에 더 소중한 사람을 남길 수 있었습니다.

위 정도의 내용을 찾을 수 있다면 희생을 약속한 봉사 활동을 한 사람들 중에서도 자신은 더 정직하고 윤리적으로 활동했다는 것을 보여줄 수 있어서 그 만큼의 impact를 더 줄 수 있겠다.

POINT **친절한 포인트 정리**

① '내리고 법칙'은 나에게 적용하지 말라.

② 정직과 윤리에서 파생될 수 있는 단어를 찾아라.

③ 봉사 활동과 같은 너무 뻔한 에피소드를 활용하지 말라.

갈등 해결

조직 내에서 갈등은 항상 존재한다. 갈등은 새로운 길을 찾아가는 과정이 되기도 하지만 반대로 갈등을 이겨내지 못하면 조직이 원하는 결과를 이루지 못할 뿐만 아니라 조직의 운영 자체가 크게 위협을 받을 수도 있다. 그만큼 갈등은 조직 내에서 이겨내야 할 중요한 요소이다.

아모레퍼시픽 인턴　AMOREPACIFIC CORPORATION

- 귀하가 팀의 일원이었던 경험(회사, 학교, 기타 과외 활동) 중에서, 팀 내의 다른 일원과 있었던 갈등에 대하여 서술하시오. 그러한 갈등에 대하여 어떻게 대처하였으며, 그 결과는 어떠하였는지 서술하

시오.

GS칼텍스

- 새로운 환경이나 조직에 들어가서 갈등을 겪었던 경험과 이를 성공적으로 극복했던 사례에 대해서 작성해 주십시오.

대우증권

- 평소 다른 사람과의 갈등이 발생했을 때, 이를 해결하기 위한 본인만의 노하우에 대해 기술해 주십시오.

하이마트

- 자신과 의견이 다른 사람을 잘 설득했던 경험에 대해 그 상황과 설득 방법, 그리고 결과에 대해 기술하여 주십시오.

쌍용건설

- 존 중: 자신이 속한 단체 혹은 가정에서 다른 구성원과 이해관계가 대립했던 경험을 떠올려 구체적인 상황, 자신의 행동, 결과 등을 기술해 주십시오.
  A) 언제, 어떤 상황에서 일어난 일이며, 어떠한 이해관계가 대립하였습니까?
  B) 그 상황에서 중요하게 고려한 것은 무엇이었습니까? 구체적으로 어떤 말과 행동을 취했습니까?
  C) 결과는 어떠했습니까?

물론 갈등은 자신 안에서의 갈등도 존재하겠지만 대부분의 기업이 원하는 갈등은 다른 일원들과 겪은 일이다. 제아무리 개인의 실적이나 영향이 크게 작용하는 직종이라고 하더라도 결국 그는 조직의 일원일 뿐이다. 여러분들은 아직까지 회사라는 조직을 제대로 경험해보지 못했을 가능성이 높기 때문에 항목에서는 학교, 활동, 가정, 단체 등에서 겪은 다양한 경험을 묻는다.

여기에서 주목할 것은 갈등을 풀어가는 과정이다. '갈등이 일어나게 된 상황'과 그 갈등을 해결하기 위한 '나의 행동' 그리고 '나의 행동으로 인한 결과'를 구체적으로 알려야만 한다. 이 중에서도 특히 중요한 것이 '나의 행동'이다. 갈등의 상황과 결과는 어떤 경험에서도 찾을 수 있지만 '나의 행동으로 인한 결과'는 모든 갈등에서 나오는 것은 아니기 때문이다. 다음 샘플을 상황, 행동, 결과로 풀어보자.

• 귀하가 팀의 일원이었던 경험(회사, 학교, 기타 과외 활동) 중에서, 팀 내의 다른 일원과 있었던 갈등에 대하여 서술하시오. 그러한 갈등에 대하여 어떻게 대처하였으며, 그 결과는 어떠하였는지 서술하시오.

작은 하나가 모여서 큰 하나가 된다

작년에 진행되었던 ○○ 디자인 경진 대회에 참가한 경험이 있습니다. 처음 몇 번의 모임은 아무런 문제가 없었지만 방학 기간 중이라서 조원 개개인의 스케줄 문제로 점차 갈등이 생기게 되었습니다. 조장이었던 저는 우선 시간이 바쁜 조원들을 파악하여 따로 모이지 않고도 집에서 수행할 수 있는 과제를 분배하였습니다.

그리고 시간을 쪼개가며 모임에 적극적으로 참석하는 조원들을 배려하여 그렇지 못한 조원들이 돌아가면서 발표와 시연을 진행할 수 있도록 하였습니다. 또한 전화와 이메일을 통하여 수시로 과제 진행 사항을 확인하여 조원들끼리 업무 진행 속도를 맞추도록 하였으며 지치고 힘들 때마다 조원들을 격려하는 것을 잊지 않았습니다. 그 결과 우리 조는 우수상이라는 결과를 얻을 수 있었고 조원들과 기쁨을 함께 나눌 수 있었습니다. 하지만 상장을 하나 밖에 주지 않아서 그것을 누가 보관할 것인지에 대한 갈등이 또 생기게 되었습니다. 조장이었던 제가 보관해야 한다는 의견들이 많았지만 저는 그것을 칼라 복사하여 조원들 모두에게 나누어주었고 가장 많은 시간 모임에 참석했던 다른 조원에게 상장 원본을 주자는 의견으로 조원들을 설득하였습니다.

우선 갈등의 상황은 '내리고 법칙'을 활용할 수 있는 좋은 에피소드이다. 다른 사람들의 실수나 태도에 더 많은 문제를 만들어서 주어진 상황 자체를 최악으로 만들면서 상대적으로 나의 가치를 더 높이는 것이 '내리고 법칙'의 핵심인데 이 갈등 항목을 풀어가는 과정 자체와 완벽하게 일치한다.

과정: 방학 기간 중이라서 조원 개개인의 스케줄 문제로 점차 갈등을 빚게 되었다는 내용으로 풀었다. 갈등의 문제가 된 것은 내가 아니라는 것을 확실히 하고 있다. 그렇다고 다른 사람의 잘못을 부각시키는 내용도 아니다. 주어진 상황 자체를 최악으로 내리면서 갈등이 얼마나 어려웠는지를 알리고 있다.

행동: 바쁜 조원들을 파악하여 따로 모이지 않고도 집에서 수행할 수
있는 과제를 분배하고, 모임에 잘 참석하는 조원들을 배려하여
다른 조원들에게 발표와 시연의 임무를 부여했다. 역시 상황이
좋지 않았기 때문에 전화와 이메일을 통하여 수시로 과제 진행
사항을 확인하면서 조원들을 수시로 격려하였다.

상황은 결코 좋아지지 않았지만 그 상황을 이겨낼 수 있도록 본
인은 조장으로서 최선을 다하였다는 것을 알 수 있다. 갈등을 풀어
가는 주체가 자신이라는 것을 확실하게 알렸고 이것으로 갈등을 해
결하기 위한 본인의 행동이 상세하게 전달되었다.

결과: 우수상이라는 결과를 얻었다. 과정과 행동의 결과가 괜찮은 편
이다. 이렇다 할 결과가 없었다면 본인의 행동이 갈등을 해결할
수 있었던 최적의 행동이 아닐 수 있지만 우수상이라는 확실한
결과가 갈등을 푸는 행동이 좋았다는 것을 증명하고 있다.

이 지원자는 하나밖에 주어지지 않은 상장 보관으로 인한 갈등
을 추가적으로 제시하였다. 그리고 복사를 통하여 상장을 나누었고
원본은 조장이었던 본인이 보관하지 않고 가장 열심히 참석했던 다
른 조원에게 전달하는 재치까지 발휘하였다. 사실 이러한 작은 에피
소드 하나만으로도 갈등의 상황, 행동, 결과를 이끌어낼 수도 있었
을 것이다.

이처럼 리더의 역할로 갈등을 해결한 에피소드를 활용하게 되면

리더십이나 통솔력 등의 능력도 함께 전달이 가능하다는 이점이 있다. 물론 리더로서 갈등을 해결했던 에피소드만 작성이 가능한 것은 아니다. 일원의 위치더라도 충분한 문제해결 능력이나 상황대처 능력을 발휘하여 갈등을 해결할 수 있다. 또 갈등을 해결하기 위해서는 다른 일원들에게 나의 의견을 전달해야 하고 그들을 설득해야 하기 때문에 의사 소통 능력이나 설득력 등도 함께 전달할 수 있다.

이처럼 주어진 항목을 풀어갈 때 기업이 지원자의 어떤 능력이나 기술을 보고 싶어 하는지를 충분히 파악하여 최대한 자신에게 유리한 단어와 문장 등을 활용할 수 있도록 하자.

POINT 친절한 포인트 정리

① 갈등은 조직 내에서의 경험 중에서 골라라.
② 갈등의 과정과 갈등을 푸는 나의 행동 그리고 결과를 구체적으로 알려라.
③ 에피소드를 통하여 추가적으로 전달할 수 있는 능력을 전달하라.

창 의

창의는 도전과 함께 가장 많은 기업들이 내세우고 있는 인재상이다. 그만큼 기업은 창의적인 인재를 원하며 설령 인재상에 포함되어 있지 않더라도 창의적인 사고를 갖춘 지원자를 선호하게 마련이다.

그렇다면 기업에서 말하는 창의는 어디까지일까? 창의는 확실하게 창의적인 수준은 되어야 한다. 하지만 기업이 보고자 하는 창의적인 수준은 획기적인 발명이나 엄청난 수준의 발견이 아니다. 힌트는 다음의 항목에서 찾아볼 수 있다.

한국타이어 *Hankook*

- 어떤 문제나 과제에 대해 기존의 방법과 다른 창의적인 방법으로 문제를 해결했던 경험에 대하여 작성하여 주십시오.

STX stx

- 남들이 생각하지 못한 새롭고 참신한 아이디어를 적용하여 좋은 결과를 거둔 경험에 대해 기술해 주십시오.

웅진 woongjin

- 본인의 경험 중에서, 창의적인 아이디어를 발휘하여 문제해결(또는 목표달성)을 이룬 경험이 있다면 구체적으로 서술해 주시기 바랍니다.

한샘 HANSSEM

- 자신만의 창의적인 아이디어를 발휘하여 성취했던 경험에 대해 기술하시오.

BAT

- Describe a situation when you introduced new ways of doing something. What were the benefits of using the new approach?

기업이 찾는 창의는 '문제를 해결할 수 있는 재치 넘치는 방안'이거나 '과제를 해결할 수 있는 기존과는 다른 방법'이다. 아니면 좋은 결과를 거둘 수 있는 '남들이 생각하지 못한 나만의 아이디어'일 수도 있다. 따라서 나의 경험 중에서 남들이 생각하지 못했던 재치 넘치는 혹은 새로운 방안이나 아이디어를 적용해 본 에피소드를 찾는다면 창의라는 항목에 충분히 대응할 수 있다.

저는 대학 진학을 앞둔 동생의 진로를 함께 고민해준 경험이 있습니다. 당시 동생은 ○○와 ○○를 두고 고민하고 있었는데, ○○를 전공하고 있던 저는 ○○에 대한 상세한 설명과 함께 향후 진로를 제시하였고 동생이 ○○를 전공으로 선택하는데 큰 도움을 주었습니다.

좋은 결과를 얻었던 경험은 맞지만 재치 넘치는 방안도 아니고 기존과 다른 방법도 아니다. 결정적으로 에피소드의 impact 자체가 크지 않다.

군대 시절 저는 행정병으로 근무하였습니다. 당시 제 사수였던 ○○ 병장은 기존의 방식을 그대로 받아서 근무하였는데, 제가 보기에는 효율적이지 못한 부분이 많았습니다. 그래서 저는 중대장님과 행보관님과 함께 그 문제를 해결하기 위하여 노력하였습니다.

창의 항목에 군대 이야기는 절대로 활용하지 말라. 앞에서도 언급했지만 군대에서 했던 그 어떤 창의적인 경험도 사회에서의 경험

과 견주기 어렵다. 그런 측면에서 이런 에피소드 역시 좋은 접근이
아니다.

　　지난 3개월간 저는 ○○에서 인턴으로 일반 사무 업무를 보조하였
습니다. 저보다 한 달 먼저 일을 시작한 인턴을 통하여 제가 할 임무
를 알게 되었는데 업무 방식이 효율적이지 못했습니다. 오히려 시간
만 때우려 하는 느낌을 강하게 받았습니다. 일주일이 지난 후 저는
다른 인턴들과 이야기할 시간을 가졌고 그 자리에서 업무 방식을 조
금 더 효율적으로 바꿔보자고 제안하였습니다.

　　'내리고 법칙'을 잘 활용하여 다른 인턴들의 문제점을 부각시켰
다. 앞에서 창의는 남들이 생각하지 못했던 재치 넘치는 혹은 새로
운 방안이나 아이디어가 될 수 있다고 했는지 남들이 생각하지 못했
다는 것은 생각하지 않았다는 것과도 같다. 따라서 내가 처했던 경
험 중에서 남들이 전혀 생각지도 않았던 것에 관심을 가지고 새로운
방안이나 아이디어를 적용했던 에피소드를 찾아보는 것이 좋은 방
법이 될 것이다.

한국타이어 **ᵂHankook**

• 어떤 문제나 과제에 대해 기존의 방법과 다른 창의적인 방법으로
문제를 해결했던 경험에 대하여 작성하여 주십시오.

　　국내 유명 패밀리 레스토랑에서 서빙 아르바이트로 근무할 당시

새로운 제안으로 좋은 결과를 얻은 경험이 있습니다. 그 레스토랑
에는 어린이 고객을 위한 놀이방이 있었지만 관리 인원을 따로 두
지 않아서 효율성이 떨어지고 있었습니다. 어린이들은 음식보다는
놀이방에 더 많은 관심을 보였고 함께 방문한 부모들은 어린이들
과 노느라 음식을 즐길 여유를 갖지 못하였습니다. 저는 지점장님
께 어린이 손님이 많이 방문하는 주말 및 휴일 시간에 놀이방 관리
인원을 따로 배치하는 것을 제안하였고 제가 먼저 그 임무를 맡기
로 하였습니다. 어린이들을 놀이방에 안심하고 맡길 수 있었던 부
모들은 식사를 즐기면서 충분한 시간을 가질 수 있었고 어린이들
역시 안전하게 아무런 사고 없이 놀이방에서 놀 수 있었습니다. 이
제안으로 주말 및 휴일에 방문하는 가족 단위 고객의 수를 20% 정
도 늘리게 되었습니다. 형식만 갖춰놓고 아무도 신경 쓰지 못했던
작은 부분을 발견하여 불편을 최소화하려는 저의 관심이 큰 결과
를 가져오게 되었습니다.

레스토랑 아르바이트 당시에 발견한 놀이방 문제점을 해결한 에
피소드이다. 사실 이 놀이방 문제점은 그냥 두었어도 레스토랑 운영
에 큰 문제가 되지 않았을 수 있다. 이것이 만약에 큰 문제있다민 레
스토랑에서 어떤 방법을 동원해서든 이 문제를 시정하려 노력하였
을 것이다. 하지만 이 지원자는 놀이방을 보다 효율적으로 운영할
수 있는 방안을 제시하였고 결국 그것은 남들이 해보지 않았던 새로
운 시도였던 것이다. 나름대로 결과도 좋았다.

위와 같은 내용도 창의에 잘 먹힐 수 있다는 것을 본다면 창의는
정말로 큰 것이 아닐 수 있겠다. 작은 관심에서 나오는 작은 시도로

문제를 해결하였던 에피소드라면 어떤 경험에서 이끌어내더라도 impact 충분한 에피소드가 될 수 있을 것이다.

단, 가능하면 창의의 결과가 좋았던 것을 활용하는 것이 좋다. 왜냐하면 자신의 방안이나 아이디어로 인한 결과가 좋지 않다면 그 결과만으로 본인의 방안이 전혀 새롭지 않거나 참신하지 않다는 증거가 될 수도 있기 때문이다. 또 대부분의 항목이 창의적인 내용을 요구할 때 '좋은 결과'나 '문제를 해결했던 경험'을 원하고 있다는 것을 볼 수 있다. 따라서 궁극적으로 기업이 원하는 창의는 좋은 결과를 동반해야 한다는 결론을 얻을 수 있다.

POINT 친절한 포인트 정리

① 기업이 요구하는 창의의 수준을 이해하라.
② 남들이 생각하지 못한 혹은 생각하지 않은 것을 수행한 경험에 집중하라.
③ 가능하면 창의로 인한 결과가 좋은 에피소드로 구성하라.

글로벌 감각

글로벌 감각은 쉬우면서도 어렵다. 쉽다는 것은 글로벌 감각을 풀어낼 수 있는 에피소드의 범위가 다양하다는 것이 그 이유이고 어렵다는 것은 여러 에피소드를 통하여 얻을 수 있는 결론이 뻔하다는 것이 그 이유이다.

LG마이크론　LG이노텍

- 본인의 글로벌 감각 및 역량.

한국 오츠카제약

- 세계화/정보화 시대를 맞이하여 자신이 할 수 있다고 생각되는 역할은?

대우조선해양

- 귀하께서 Global 감각 배양을 위해 수행한 활동과, 그러한 활동을 통해 얻은 결과에 대해 구체적으로 기술하십시오.

한국타이어

- Global Leader로서의 자질을 키우기 위해 노력한 경험에 대하여 작성하여 주십시오.

쌍용건설

- 글로벌 마인드: 다른 나라의 문화나 관습, 가치관 등을 이해하는 안목을 넓히는 데 가장 도움이 되었던 경험을 골라 구체적인 상황, 자신의 행동, 결과 등을 기술해 주십시오.
  A) 언제, 어디서, 어떤 상황에서 경험한 일입니까?
  B) 그 상황에서 취했던 행동과 노력에는 어떤 것이 있었습니까?
  C) 그 경험이 자신에게 미친 영향은 무엇입니까? 다른 나라에 대한 이해에는 어떤 영향을 미쳤습니까?

SK

- Globality

　　지금까지 살아오면서 타문화를 이해하고 수용하는 능력을 기르
는 데 가장 도움이 되었던 경험을 골라 구체적인 상황, 자신의 행
동, 결과 등을 기술해 주십시오(가급적 군대 경험은 제외할 것).
A) 언제, 어떤 계기로, 무슨 경험을 했습니까?
B) 어떤 다른 문화를 체험했습니까? 자신이 취한 행동과 노력은 무
　엇이었습니까?
C) 결과는 어떠했습니까? 타문화를 이해하고 수용하는 데 구체적
　으로 어떤 영향을 미쳤습니까?

　　글로벌 시대에 어울리는 글로벌 인재가 되기 위하여 여러분들은
정말로 다양한 노력들을 한다. 예전에는 특별한 에피소드였던 어학
연수나 해외 여행 등이 최근에는 그저 밋밋한 에피소드가 되어 버렸
다. 해외 봉사 활동도 많이 다니고 국내에서도 외국인들을 상대로
하는 많은 활동에 참여한다. 따라서 글로벌 감각은 에피소드를 그냥
쉽게 풀어가는 수준으로는 충분한 impact를 전달하기 어려운 항목
이 되었다.

• **귀하께서 Global 감각 배양을 위해 수행한 활동과, 그러한 활동을
통해 얻은 결과에 대해 구체적으로 기술하십시오.**

　그들 속으로 들어가라
　저는 봉사 활동을 위해 네팔에 다녀온 경험이 있습니다. 한 평범
한 가정에서 홈스테이를 하면서 그들이 생활하는 방식을 그대로

최소한 이 정도로는 풀어주어야만 한다. 어학 연수나 봉사 활동을 가서 학원을 다니고 활동을 하면서 영어 실력을 키웠고 다양한 친구들을 만나면서 문화, 언어, 사람들을 배웠다는 등의 내용은 식상하다. 너도나도 다 시도해보는 접근이기 때문이다. 따라서 이 지원자처럼 홈스테이를 하면서 그들의 생활을 배우려는 노력이나 작은 마을 위주로 여행하면서 실생활을 경험하려는 노력 등의 뭔가 새로운 경험이 필요한 것이다. 물론 해외의 장소 자체가 남들이 많이 가보지 않은 곳이라면 시작하는 시점에서의 impact는 충분할 수 있지만 역시나 남들과 똑같이 에피소드를 푼다면 그 이점을 최대한으로 살릴 수 없을 것이다.

또 하나 주목할 것은 글로벌 경험이 자신에게 미친 영향이나 자신이 얻은 교훈에 대한 부분이다. 항목에서 이러한 요구를 하는 것은 에피소드 자체를 궁금해하는 것이 아니라 결국 그 경험을 통하여 지원자가 무엇을 배웠고 그것을 향후 기업에 어떻게 적용해볼 수 있느냐를 묻는 것이라고 볼 수 있다. 하지만 대부분의 여러분들이 만들어낼 수 있는 적용에는 한계가 있다. 글로벌 경험으로 인한 영향이나 교훈이 비슷비슷하다는 뜻이다. 따라서 필자가 권유하는 방법은 에피소드 안에서 글로벌 경험과 적용을 1:1로 맞출 수 있는 작은 에피소드를 또 하나 만들어내는 것이다.

> 저는 이러한 경험을 통해 함양한 열린 사고와 행동으로 다양성과 차이를 존중하고 배려함으로써 신뢰관계를 형성하여 세계무대에서 뛰어난 활약을 펼칠 수 있을 것입니다.

예를 들어서 위와 같은 교훈을 적용한다고 보자. 이것은 그야말로 글로벌 경험에서 얻을 수 있는 가장 기본적이면서도 정석에 가까운 내용이다. 즉 누구나 얻을 수 있는 결론이므로 큰 감동을 주기 어렵다. 이것을 구체적으로 작성하라고 하면 여러분들이 잘 풀어가지 못하기 때문에 필자는 설명을 조금 바꿔서 자신이 만들어 놓은 적용 부분에 대한 실제 사례를 에피소드식으로 짧게 풀어보라고 말하는 것이다.

다양성과 차이를 존중하는 것을 교훈으로 배웠다면 앞으로 회사에서 다양성의 차이를 존중하면서 일하겠다는 식으로 접근하는 것이 아니라 실제로 본인이 다양성의 차이를 존중하게 된 사례를 간단하게 정리하는 구성이다. 마찬가지 컨셉으로 다른 나라의 문화와 사람들을 이해하는 방법을 깨달았다면 그 경험 이후에 실제로 다른 나라의 문화를 경험해서 이해했던 짧은 에피소드를 적용 부분에서 전달하는 것이다.

그렇게 한다면 글로벌 경험으로 배운 교훈이나 영향을 아직까지 한 번도 적용해보지 못한 사람이 기업에서 적용할 수 있다고 무턱대고 주장하는 것이 아니라 한번쯤 적용해보았으므로 또 해낼 수 있다고 강하게 주장할 수 있는 것이다. 가능하면 뻔한 결론에서 벗어니서 내가 무엇을 해봤으므로 또 할 수 있다는 식으로 마무리를 하는 것이 글로벌 경험에서는 중요하다 하겠다.

변화, 개선, 혁신

조직은 항상 새로운 시도를 필요로 한다. 기업은 여러분들을 통하여 새로운 피를 수혈하는 것이므로 뭔가 신선한 발상이나 행동을 보여줄 필요가 있다. 물론 신입 사원 한 명의 아이디어가 조직이 지금까지 해왔던 관행을 송두리째 바꿀 수는 없겠지만 변화, 개선, 혁신에 대한 항목을 통하여 최소한 여러분들의 잠재력은 보여줄 수 있을 것이다.

LS전선 **LS** 전선

- 본인이 속한 조직에서 새로운 것을 도입하여 변화를 일으킨 사례를 구체적으로 기재해 주시기 바랍니다.

STX stx

- 다른 사람들이 어렵다고 시도하지 않은 일을 추진하여 성공한 경험 또는 실패한 경험 중에서 가장 대표적인 사례를 기술해 주십시오.

미래에셋 증권 *MIRAE ASSET* 미래에셋

- 기존의 틀을 깨는 새로운 시도를 했던 경험.

GS칼텍스 GS 칼텍스

- 지금까지 해오던 방식에서 벗어나 새로운 관점에서 일을 추진했던 경험에 대해서 작성해 주십시오.

농심 농심

- 지금까지 살아오면서 자신이 이루어낸 가장 큰 변화에 대해 당시 상황, 자신의 행동, 결과 등을 바탕으로 구체적으로 기술해 주십시오.

KTH kth

- 본인이 주도적으로 기존의 프로세스 및 관행을 깨어 혁신한 사례를 5W1H에 맞춰 구체적으로 기술하시오.

태평양

- 귀하가 속했던 조직에서(회사, 학교, 기타 과외 활동) 주도적으로 새로

운 것을 도입하거나 변화를 일으킨 것을 서술하고, 그것을 가능케
한 특성은 무엇입니까?

• 귀하가 소속된 조직에서(회사, 학교, 기타 과외 활동) 주도적으로 새로
  운 것을 도입하거나 변화를 일으킨 것에 대하여 서술하시오. 다른
  사람들에게 어떤 영향을 미쳤는지와 그것을 위해 공헌한 귀하의
  특성은 무엇입니까?

• 혁 신: 발상의 전환을 통해 문제를 개선하거나 해결한 경험을 골라
  구체적인 상황, 자신의 행동, 결과 등을 기술해 주십시오.
  A) 언제, 어떤 상황의, 무슨 문제였습니까? 어떠한 계기로 발상을
     전환하게 되었습니까?
  B) 그 발상은 무엇이었으며, 어떤 점에서 기존의 것과 달랐습니까?
  C) 새로운 발상을 문제해결에 어떻게 적용했습니까? 그 결과는 어
     떠했습니까?

• Give me an example of when you have had to convince
  someone of the need to change something. How did you try to
  convince them? What was the outcome?

우선 개인적인 문제는 이 항목에 전혀 어울리지 않는다. 간혹 보면 혼자서 겪었던 문제에 시도했던 변화, 개선, 혁신을 작성하는 지원자들이 많은데 대부분의 항목을 보아도 자신이 속했던 조직의 이야기를 원한다는 것을 알 수 있다. 개인적인 경험은 내면적인 문제이므로 자신만 마음을 바꾼다면 얼마든지 변화, 개선, 혁신을 시도해볼 수 있다. 또 다른 일원들이 없으므로 비교 대상이 없어서 변화, 개선, 혁신이 얼만큼의 것인지를 확인할 길이 없으며 변화, 개선, 혁신이 일어나는 환경 역시 크지 않다. 따라서 자신의 경험 중에서 가능하면 규모가 가장 큰 조직에서 겪었던 에피소드를 풀어가는 것이 옳다. 일단 문제의 범위를 넓혀주는 것이다.

그 다음으로는 문제의 필요성을 강조해야 한다. 왜냐하면 자신이 시도했던 변화나 개선, 혁신이 자신이 속했던 조직에 전혀 필요하지 않았던 부질없는 행동이었다면 에피소드의 과정을 아무리 잘 풀어가도 큰 impact를 주기 어렵기 때문이다. 이렇게 되면 쓸데없는 생각이나 행동이 많은 사람이라는 부정적인 이미지를 노출하는 결과를 가져올 수도 있다. 결국 이것은 변화, 개선, 혁신의 행동에 대한 계기를 알려주자는 것인데 계기가 명확하면 명확할수록 impact는 높아지게 될 것이다.

───── 대림산업 ✚ 대림산업 ─────

4. 지금까지 살아오면서 기존의 제도나 시스템을 지속적으로 개선
   함으로써, 본인이 속한 조직에 새로운 변화를 적극적으로 주도하

여, 조직의 성과를 향상시켰던 경험에 대하여 기술하여 주시기 바랍니다.

4-1. 기존의 제도나 시스템을 개선한 경험과, 그러한 개선과 새로운 변화가 필요했던 이유에 대해 기술해 주십시오.

> 2008년 겨울 방학 때 ○○의 복지 재단에서 일반 사무 업무를 보조하는 인턴으로 일하게 되었습니다. 주 업무는 사무실에서 봉사 활동 기획을 보조하고 봉사자들을 관리하는 업무였는데 첫날 일을 마치고 나니까 저와 비슷한 업무를 담당하는 인원이 많아서 봉사자 관리가 오히려 더 복잡해지고 있다는 것을 깨달을 수 있었습니다. 사용하는 문서의 기본 틀은 동일했지만 봉사자 순서나 각 봉사 기관의 명칭 등이 통일되지 않아서 모든 문서를 취합한 후 재작업을 통하여 정리하는 일이 더 어려웠습니다. 둘째 날 아침에 담당 복지사님을 찾아뵙고 이러한 문제를 설명드린 후에 명칭과 순서 등을 통일하여 정리하도록 기준표를 만들어서 제안을 드렸습니다. 그리고 그 업무를 제가 직접 맡아서 처리하기로 하였습니다.

명확한 계기를 알려주는 가장 효과적인 방법은 자신의 경험에서 변화, 개선, 혁신의 문제점을 찾는 것이다. 직접 부딪쳐본 이후에 문제점을 파악하고 그것이 현 상황에 얼마나 큰 불편을 초래하고 있는지를 알려준다. 그런 다음에 변화, 개선, 혁신을 위한 행동으로 자연스럽게 넘어가는 것이다. 위 샘플 역시 자신의 경험을 통하여 명확한 계기를 전달하여주고 있다.

물론 문제를 풀어가는 과정이 창의적이라면 더없이 좋을 것이

다. 하지만 변화, 개선, 혁신이 반드시 창의적인 수준일 필요는 없겠
다. 이렇게 되면 자신의 경험 중에서도 창의적인 것을 찾아야 하니
까 에피소드를 선택하는 일이 너무나도 어려워진다. 기업의 항목에
서 힌트를 조금 얻자면 변화, 개선, 혁신을 위한 과정에는 다음과 같
은 키워드에 집중할 수 있을 것이다.

> 새로운 것을 도입, 발상의 전환, 새로운 관점, 기존의 프로세스 및 관
> 행을 깨어 혁신

따라서 계기가 명확하다는 전제하에 새로운 것, 발상, 관점을 어
떻게 적용하였고 기존의 프로세스를 어떻게 깼는지를 풀어가면 될
것이다. 또 변화, 개선, 혁신은 다른 사람들이 어렵다고 시도하지 않
은 일 중에서 고를 수 있는데 이것은 문제의 필요성은 느끼지만 다른
사람들은 귀찮아서 시도하지 않는다고 해석할 수 있겠다. 따라서 이
과정에서 겪는 어려움과 장애를 '내리고 법칙'에서 배운 것을 적용하
여 풀어주면 자신의 가치나 역할, 공헌도 더 극대화할 수 있겠다.

─ 대림산업 **＋ 대림산업** ─

**4-2. 변화를 주도하면서 본인에게 처한 어려움과 장애는 무엇이
있었으며, 어떻게 극복하였습니까?**

개선을 하면서 부딪힌 가장 큰 문제는 동료들의 협조였습
니다. 기존의 업무 방식에 익숙해져 있던 직원들과 인턴들은

266

저의 제안을 도발과 비슷하게 받아들이고 마음을 열려고 하
지 않았습니다. 인턴 중에서도 가장 막내였던 제가 지금까지
계속해오던 업무를 개선하고자 했기에 더욱 그랬을 것입니
다. 하지만 더 효율적으로 일할 수 있는 방법을 찾아낸 이상
강하게 밀어붙이는 것이 옳다고 생각했고 우선 가장 가까이
에서 일하는 직원들과 팀장님을 설득하기 시작하였습니다.
기존 업무를 그대로 할 경우와 개선 후의 업무 진행 시간을
비교하여 정리하였고 남는 시간에 잡무를 모두 처리할 수 있
다는 것을 강조하였으며 야근을 하는 인턴들에게도 남는 시
간에 업무를 모두 처리할 수 있어서 더 이상 야근할 필요가
없다는 것으로 접근하였습니다.

위 지원자는 동료들의 협조를 가장 큰 어려움으로 꼽았다. 더군
다나 자신은 인턴 중에서도 가장 낮은 위치에 있었고 그런 위치에서
주장한 변화, 개선, 혁신은 큰 힘을 얻기 어려울 수 있기 때문이다.
하지만 지원자는 개선 전과 후의 업무 진행 시간을 비교하여 정리하
였고 야근을 없앨 수 있다는 접근으로 동료들을 설득하게 되었다.
대단히 창의적인 발상인 것처럼 보이지는 않지만 변화, 개선, 혁신
으로 인한 결과가 확실하게 직원들에게 도움이 될 수 있다는 것에
집중하여 문제를 풀어나갔다.

대림산업 **대림만엽**

4-3. 변화의 결과는 어떻게 나타났으며, 이러한 경험을 통해 습

득한 교훈은 무엇입니까?

변화의 결과는 물론 좋았습니다. 기존의 방식에 익숙해져 있던 사람들은 처음에 일처리가 느려져서 시간이 더 걸리는 것 같았지만 한번 몸에 밴 이후에는 업무 진행 속도를 빠르게 끌어올릴 수 있었습니다. 그리고 봉사 기관이나 봉사자도 훨씬 더 효율적으로 관리할 수 있어서 나중에는 모두 저에게 수고했다는 말을 해 주었습니다. 하지만 개선의 결과에만 집중하는 것보다 개선하는 과정과 개선 직후의 상황에 조금 더 집중해야 한다는 것을 배웠습니다. 제가 만약 직원과 인턴을 설득하는 일에 소홀했더라면 그리고 개선 이후 바로 결과가 나오지 않는 것에 대한 비판의 목소리가 컸더라면 저의 개선은 좋은 결과로 이어질 수 없었을 것이기 때문입니다.

당연한 이야기로 결과도 좋으면 좋겠지만 반드시 결과를 좋은 쪽으로만 풀지 않아도 된다. 앞에서 알아본 창의라는 항목은 성취한 경험이나 목표를 이룬 결과 쪽에 초점이 맞추어져 있었기 때문에 가능하면 성공한 결과를 전달하는 것이 좋다고 설명했다. 하지만 변화, 개선, 혁신의 항목은 반드시 성공한 결과만을 원하지는 않고 있다. 실제로 항목을 분석해보면 '다른 사람들에게 미친 영향'이나 '변화, 개선, 혁신을 가능하게 한 본인의 자질' 그리고 '그 경험을 통하여 배운 교훈' 등에 더 관심이 많다는 것을 알 수 있다. 심지어 실패한 경험을 원하기까지 한다. 결국 문제가 어려웠고 계기가 명확하고 과정이 구체적이라면 충분한 impact를 줄 수 있는 에피소드를 구성할 수 있는 것이다.

하지만 변화, 개선, 혁신의 결과가 좋지 않았다고 너무 솔직하게 말하면 문제, 계기, 과정이 의심받을 수 있는 여지가 있다. 따라서 결과가 성공적이지 않더라도 큰 그림으로 봤을 때 궁극적으로는 성공을 가져온 결과에 일조를 했다는 식으로까지는 포장을 해주는 것이 좋다. 좀더 쉽게 풀자면 나의 생각과 행동 자체가 성공을 만들지는 못했지만 그것이 새로운 바람을 일으키는 결과가 되었고 그것을 바탕으로 조직이 함께 협심하여 변화, 개선, 혁신을 이루었다는 식의 내용이다. 내가 시도했던 변화, 개선, 혁신은 어차피 조직의 성공을 위한 것이므로 그것이 큰 기폭제가 될 수 있었다면 그것만으로도 성공 못지않은 긍정적인 이미지를 전달해줄 수 있을 것이다.

POINT 친절한 포인트 정리

① 개인적인 에피소드를 적용하지 말라.
② 문제점과 계기를 명확하게 전달하라.
③ 변화, 개선, 혁신의 결과가 좋지 않다면 교훈을 전달하거나 궁극적인 결과에 일조했다는 접근으로 포장하라.

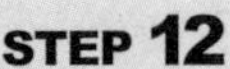

기타 항목

마지막으로 알아보는 까다로운 항목은 기타 항목이다. 실제로도 대부분의 경우에 항목의 맨 마지막에 위치하고 있는데 말 그대로 모든 항목을 마친 후 기타 추가할 사항을 작성하는 항목이라 하겠다.

삼성계열사 SAMSUNG

- 기타사항(자신을 좀더 표현하실 분은 자유롭게 작성하십시오).

코오롱건설 코오롱건설

- 자유기재.

해태제과 해태

- 기타사항.

미래에셋생명보험 MIRAE ASSET 미래에셋

- 기타(회사에 꼭 알리고 싶은 자기소개의 글을 기재하여 주시기 바랍니다).

굿모닝 신한증권 신한금융투자

- 기타사항.

한국IBM IBM

- 기타(경험, 경력, 가치관 등 자유기술).

KCC KCC

- KCC에 하고 싶은 말

동아건설산업 동아건설

- 하고 싶은 이야기를 작성하세요.

기업은행 IBK기업은행

- 위의 내용 외에 귀하를 알리기 위해 추가로 설명할 내용을 자유롭게 기술하여 주십시오.

• 나는요!
  자기 PR을 제목과 함께 작성해 주십시오(3가지).

• 나는요(자기 PR을 자유스러운 형식으로 서술).

• 살아오면서 중요했던 일.

기타 항목은 아주 심플하게 더 하고 싶은 이야기를 자유롭게 작성하라고 요구하거나 지원 회사에 추가적으로 알리고 싶은 말을 하라고 한다. 아니면 조금은 다른 구성으로 자기 PR의 기회를 준다거나 살아오면서 중요했던 일 등을 추가적으로 작성하라고 요구한다.

이런 항목은 기업에서 덤으로 주는 항목이다. 따라서 우리도 이것을 덤으로 활용하면 된다. 즉 이전 항목에서 인재상에 맞출 것은 인재상에 맞추고 단점은 보완할 점을 자연스럽게 전달한다. 동기와 포부까지 다 작성하고 나서도 맞추지 못한 인재상이 있다면 덤으로 주는 항목에서 맞추면 되는 것이다. 물론 꼭 인재상만 맞추어야 하는 것은 아니다. 'Start 2'에서 알아본 것과 같이 기업 정보는 인재상을 포함하여 적성, 자질, 능력, 지식, 문화, 철학, 비전 등 다양하니까 이에 어울리는 배경이나 자질을 추가적으로 전달하면 되는 것이다. 아니면 기업 정보에 잘 맞지 않더라도 impact를 강하게 줄 수 있는 에피소드가 남아 있다면 이것으로 구성하는 것도 괜찮은 방법이된다. 정리하자면 일단 모든 항목을 구성한 이후에 맨 마지막에 모자라는 부분을 보충하거나 더 강조가 가능한 부분에 집중하는 방식으로 접근하는 것이다.

또 하나의 방법은 기업에 대한 자신의 관심, 열정, 노력 등을 추가적으로 전달하는 것이다. 항목의 글자 수가 넉넉하지 않은 경우라면 동기와 포부 항목에서 충분한 관심을 표현하는 것이 어려울 수있다. 앞에서도 알아봤지만 비슷한 스펙의 경우에는 회사에 지원한동기가 더 명확한 지원자가 유리하다고 했다. 따라서 동기에서 작성한 동기가 진심이라는 것을 보여주기 위한 에피소드를 통하여 추가적인 증거를 제시하는 것이다.

KCC **KCC**

• KCC에 하고 싶은 말

저는 한 달에 한 번 이상은 귀사의 홈페이지를 방문하여 사보를둘러보는 시간을 갖습니다. 제가 일하고 싶은 회사에 대한 꾸준한관심을 키워가고자 하기 위함입니다. 지난 달의 사보에서는 선박용 도료를 개발하신 담당자 분께서 선박용 도료의 연구와 해외 네트워크, 신기술 경향 등에 대해서 인터뷰하신 기사를 읽어볼 수 있었습니다. 제가 특별하게 관심을 더 가지고 있는 분야였기에 몇 번이고 읽어보면서 담당자 분을 비롯한 직원들의 열정과 노력을 충분히 느낄 수 있었습니다. 지금 저의 입장에서 귀사의 사보를 꾸준하게 읽는 것은 단순한 관심 이상이 되지 못할 수 있습니다. 하지만 귀사에서 일하게 된다면 귀사와 귀사 선박용 도료에 대한 관심은 남들보다 훨씬 더 뛰어난 열정과 노력으로 바뀌게 될 것입니다. 글로만 읽고 가슴으로만 느꼈던 귀사에 대한 분위기와 철학은 이제는 몸소 경험하게 되기를 기대합니다.

기업에서 자기소개서에 구성해놓은 항목에 불필요한 내용은 없다. 따라서 자기소개서에 작성한 모든 에피소드와 주장은 절대적으로 나에게 유리한 방향으로 이끌어야 한다. 또 그것이 기업이 원하는 기업이 보고 싶어 하는 내용이 되어야 하는 것이 맞다. 마지막에 나오는 항목이라고 혹은 항목의 이름이 기타 사항이라고 해서 얕잡아본다면 퍼즐을 맞추는 데 정말로 중요한 작은 한 조각을 맞추지 못한 채 자기소개서를 완성했다고 생각할 수도 있을 것이다.

끝까지 집중하라.

친절한 포인트 정리

① 이전 항목에서 맞추지 못한 기업 정보에 추가적으로 접근하라.
② Impact가 강한 에피소드가 남아 있다면 적극적으로 활용하라.
③ 기업에 대한 지원 동기, 열정, 관심을 마지막으로 극대화하라.

재구성 실전 연습

자, 여기까지 오느라고 고생들 많았을 줄로 안다. 네 개의 장에 걸친 대기업 자기소개서 작성법을 성실하게 수행한 여러분들을 위해서 필자가 보너스를 준비해두었다. 지금까지 알아본 여러 작성법, 구성법, 접근법, 포장법 등을 한꺼번에 적용하여 자기소개서를 재구성하는 실전 연습을 해볼 것이다. 각 장에 걸쳐서 따로따로 진행을 하였지만 결국에 지금까지 여러분들이 배운 모든 내용은 하나의 완벽한 자기소개서를 만들기 위함이다. 최적의 자기소개서를 찾아내기 위한 총정리를 한다는 기분으로 재구성 실전 연습을 시작해보자.

다음은 한 지원자가 구성한 삼성 엔지니어링의 자기소개서이다.

항 목	적 용
자기소개(400자)	메모하는 습관을 보여주는 에피소드를 바탕으로 꼼꼼함을 어필
장점(200자)	학과 프로젝트 에피소드를 바탕으로 강한 책임감에 초점을 맞춤
보완점(200자)	완벽주의적인 성격이라는 단점과 이에 대한 보완점
지원동기 및 포부 (500자)	전공 지식＋10주간의 정부 산하 관련 교육 수료 내용을 증거로 내세워서 프로세스 엔지니어가 되겠다는 적절한 동기와 포부를 작성

뭐, 이렇게 보면 그래도 대충은 이것저것 고려하여 구성한 자기소개서로 보인다. 하지만 꼼꼼하게 뜯어보면 전체적인 구성에서 아쉬움이 남는다. 재구성을 해보자. 일단 기업의 인재상을 먼저 꼽아서 여기에 적절하게 맞추었는지 확인해보자.

삼성 엔지니어링 **SAMSUNG** 인재상

Integrity – 도덕적 의무를 다하는 인재
Frontier – 세계를 무대로 힘차게 나아가는 인재
Innovation – 미래를 예측하고 변화를 주도하는 인재
Teamwork – 책임을 다하고 협력하여 공통의 목표를 달성하는 인재

지원자는 프로세스 엔지니어라는 지원 직종에 도움이 될 만한 '꼼꼼함'이라는 내용을 '자기소개'에서 어필하였다. 이것도 나쁘지 않은 아이디어이긴 한데 전체적인 구성으로 본다면 동기와 포부를 제외하고 글자 수를 가장 많이 허락하고 있는 '자기소개'를 성격이 아닌 다른 내용으로 접근하는 것이 훨씬 더 효과적일 수 있다고 필자는 판단하였다. 어차피 성격 부분은 장점에서도 다룰 수 있으니까.

그래서 전체 구성을 보니 지원 동기와 포부에서 어필한 '전공 지식과 교육 수료 내용'이 눈에 들어왔다. '공학적인 지식과 플랜트 전문 인력 양성 교육'을 결합한 어찌 보면 지원자가 갖춘 가장 강력한 무기가 되는 내용인데 이것이 500자의 공간에 풀어져있어서 상당히 갑갑해 보였다. 또한 500자 안에서 이것을 어필하면서 나머지 공간에 동기와 포부를 작성한다는 것 자체가 좋은 전략이 아니었다. 그래서 이 내용을 '자기소개'로 뺐다. 결국 '자기소개'는 이 지식적인 부분을 어필하면서 세계적인 무대로 힘차게 나아가겠다는 식으로 재구성하였다. 기업의 인재상 중 하나인 Frontier로 결말을 맺은 것이다.

자기소개(400자)	메모하는 습관을 보여주는 에피소드를 바탕으로 꼼꼼함을 어필

▼

자기소개(400자)	전공 지식+10주간의 정부 산하 관련 교육 수료 내용을 어필하면서 세계적인 무대로 힘차게 나아가겠다는 결론으로 인재상 중 하나인 Frontier에 접근

장점은 인재상에 포함된 '책임'이라는 키워드를 활용하여 나름대로 인재상에 맞추려고 노력은 하였으나 사실 '책임'이라는 단어가 포함된 인재상은 Teamwork이다. '책임과 협력을 통한 공통의 목표 달성'에 초점이 맞추어진 것이지 책임감 자체에 집중하는 인재상은 아니다. 따라서 이 내용도 조금 결론을 틀어서 팀워크에 더 가까워지게 수정하였다.

장점(200자)	학과 프로젝트 에피소드를 바탕으로 강한 책임감에 초점을 맞춤

▼

장점(200자)	학과 프로젝트시 책임과 협력을 바탕으로 한 공통의 목표 달성을 통하여 팀워크를 길렀다는 에피소드로 포장

사실 지원자가 '자기소개'와 '장점'에서 작성했던 내용은 다른 기업에도 거의 그대로 활용했던 내용들이었다. 항목의 주제가 비슷하고 지원하는 회사가 동일한 업계에 있으니까 다른 기업에도 모두 도움이 될 것이라고 판단하여 그냥 그대로 옮겨다가 붙인 것이다. 하지만 위에서 꼼꼼하게 뜯어본 것과 같이 기업마다 인재상에 차이가 있고 또 항목의 구성도 제각각 이라서 그전에 활용했던 내용을

그대로 활용했다가는 전체적인 구성에서 큰 힘을 얻지 못하게 될 것이다.

보완점은 내용이 너무 식상했다. 'Start 3'에서 알아본 것과 같이 지금 지원자가 작성한 단점은 예전 트렌드이다. 또한 앞으로 고쳐 나가겠다는 식으로 마무리를 하였기 때문에 보완 방법을 완벽하게 알고 있다는 것도 어필하지 못했다. 그래서 큰 그림으로 전체 구성을 보니까 원래 자기소개 항목에 있던 꼼꼼함이 눈에 띄었다. 이 내용은 동기 및 포부에 있던 지식적인 부분을 자기소개로 옮기면서 자리를 잃었던 내용인데 보완점에서 어필하기에 그만이었다. 꼼꼼함은 원래 장점이었는데 메모하는 습관이라는 완벽한 증거까지 있었기 때문에 이것이 원래는 단점이었다는 내용으로 포장을 시도하였다. 이렇게 하니까 원래는 꼼꼼한 부분이 부족했는데 메모하는 습관을 통하여 완벽하게 고쳐서 지금은 일을 할 때 꼼꼼하게 완료한다는 식으로 자연스러운 보완 방법을 어필할 수 있게 되었다. 또한 원래 자기소개에 활용하였던 '꼼꼼 메모광'이라는 소제목을 보완점에서도 그대로 활용하여 소제목에서부터 긍정적인 이미지를 줄 수 있게 바뀌었다.

보완점(200자)	완벽주의적인 성격이라는 단점과 이에 대한 보완점

▼

보완점(200자)	꼼꼼하지 못한 단점을 메모하는 습관으로 보완하여 완벽한 보완 방법을 알고 있다는 내용으로 수정

동기 및 포부는 전공 지식과 교육 수료 내용을 자기소개로 옮겼기 때문에 500자 중에서 250자 정도의 공간을 벌 수 있다. 그래서 앞선 항목에서 어필한 지식적인 부분과 팀워크, 꼼꼼함 등의 경쟁력을 정리하여 프로세스 엔지니어로서 일할 수 있는 충분한 자질이 있다는 내용을 강력하게 주장하는 문장을 추가하였다. 또 기업의 최근 기사를 찾아서 사업 진행 상황과 계획 등의 내용을 언급하면서 해당 기업만을 위한 포부를 어필할 수 있었다. 마무리는 미래를 예측하고 변화를 주도하는 사원이 되겠다는 느낌으로 인재상 중 하나인 Innovation을 적용하면서 결말을 맺었다.

지원동기 및 포부 (500자)	전공 지식+10주간의 정부 산하 관련 교육 수료 내용을 증거로 내세워서 프로세스 엔지니어가 되겠다는 적절한 동기와 포부를 작성
지원동기 및 포부 (500자)	이전 항목에서 충분하게 어필한 지식, 팀워크, 꼼꼼함을 바탕으로 프로세스 엔지니어라는 직종에 접근+기업의 사업을 언급하면서 포부 어필+인재상 중 하나인 Innovation에 맞춤

Integrity라는 인재상을 어필하지는 못하였다. 물론 에피소드의 결론을 새롭게 만들어서 이 인재상을 위한 에피소드도 충분히 만들어 낼 수는 있었다. 하지만 기존에 작성했던 자기소개서를 재구성한 여러 아이디어 가운데 지금 진행한 방법이 최상의 조합이라고 판단하여 이 자기소개서를 사용하기로 하였다.

다음은 현대자동차 지원용 자기소개서이다.

항 목	내 용
자기소개 (성격, 생활신조, 취미, 특기, 학교생활) (10라인 500자 이내)	생활 신조: 항상 노력한다 장점: 등산 에피소드를 통하여 끈기를 전달 단점: 대중 앞에서의 발표력
지원동기 및 입사포부 (10라인 500자 이내)	지원 분야인 총무 업무에 초점을 맞추어 작성하였고 직원들을 1차 고객으로 생각하고 니드 파악하겠다는 포부
자동차관심도 및 관심전공과목 소개 (15라인 700자 이내)	유럽 자동차 전시관 방문 이야기
동아리 활동 · 연수경험 · 교육사항 · 아르바이트 · 수상경력(15라인 700자 이내)	어학 연수 시절 전통 의상 페스티벌 참가와 텔레마케터 경험 작성

전체적인 구성을 본다면 괜찮은 에피소드도 보이고 impact가 조금 부족해 보이는 에피소드도 눈에 띈다. 기업의 인재상을 챙겨서 지원자가 얼마나 인재상과 결합시키기 위하여 노력을 했는지 살펴보자.

현대자동차 HYUNDAI 인재상

도전: 실패를 두려워하지 않으며 신념과 의지를 가지고 적극적으로 업무를 추진함

창의: 항상 새로운 시각에서 문제를 바라보며 창의적인 사고와 행동을 실무에 직용함

열정: 믿음을 바탕으로 회사/고객을 위해 업무를 주도적으로 수행하며 본인이 끝까지 책임짐

글로벌 마인드: 글로벌 상황에 대한 통찰력을 바탕으로 글로벌 네트워크를 활용하여 전문성을 개발

일단 '자기소개'는 500자를 3개의 주제로 나누는 바람에 어느 것 하나도 제대로 전달하지 못했다. 나름대로는 기업의 힌트에 주목하여 가능하면 많은 내용을 작성하려고 노력했지만 생활 신조도 너무 밋밋했고 등산이라는 impact 떨어지는 에피소드로 구성한 끈기라는 장점도 일반적이었다. 일단 이렇게 작성하고 나머지 남는 공간에 단점을 작성하니까 충분한 공간 안에서 완벽한 보완점을 작성하는 데 한계가 있었다. 또 딱히 기업의 인재상을 고려하여 작성했다는 느낌도 많이 떨어졌다.

그래서 '자기소개'부터 재구성하기로 했는데 큰 그림으로 항목을 보니까 '자기소개' 다음 항목이 특이하게 '지원동기 및 포부'라는 것을 발견할 수 있었다. 일반적으로 동기와 포부는 거의 마지막 항목으로 많이 등장하는데 현대자동차는 두 번째로 위치하는 독특한 구성이었다. 따라서 앞에서 나온 '자기소개' 항목의 에피소드를 다음 항목인 '지원동기 및 포부'와 연결시키는 노력이 필요했다. 그래서 다른 항목에서 쓸만한 에피소드가 있는지 살펴보았다.

맨 마지막 항목인 '동아리 활동·연수경험·교육사항·아르바이트·수상경력'을 보았는데 거기에 텔레마케터로 아르바이트를 했던 내용이 있었다. 고객을 대면하지 않고 전화로만 상대하는 업무를 통하여 고객 만족이라는 것을 배웠다는 식의 접근이었는데 지원자가 작성한 동기 및 포부와 자연스럽게 연결이 가능할 듯 보였다. '지원동기 및 포부'에서 지원자는 지원 분야를 총무로 잡아놓고 외부 고객이 아닌 내부 고객 즉 직원들을 1차 고객으로 생각하고 업무를 하겠다는 내용으로 접근했다. 따라서 '자기소개'에서 텔레마케터 경험을 먼저 어필하게 된다면 '지원동기 및 포부'에서 그것을 강력한 증거로 본인의 주장에 더 큰 힘을 실어줄 수 있는 구성이 가능했다. 따라서 텔레마케터 경험을 '자기소개'로 옮겼다.

자기소개 (성격, 생활신조, 취미, 특기, 학교생활) (10라인 500자 이내)	생활 신조: 항상 노력한다 장점: 등산 에피소드를 통하여 끈기를 전달 단점: 대중 앞에서의 발표력
자기소개 (성격, 생활신조, 취미, 특기, 학교생활) (10라인 500자 이내)	총무 업무에 대비하기 위하여 텔레마케터에 도전하였고 고객 서비스를 배웠다는 내용으로 수정

　　결국 '자기소개'는 기존의 내용을 모두 삭제하고 텔레마케터 경험만을 가지고 재구성하였다. 하지만 약간의 포장이 필요하였다. 그래서 '지원동기 및 포부'의 내용에 착안하여 총무 업무에 지원할 것을 미리 준비하기 위하여 텔레마케터에 도전했다는 식으로 새롭게 접근하였다. 목소리만으로 고객을 상대해야 하는 가장 어려운 고객 서비스에 도전하여 고객 서비스가 무엇인지를 배우게 되었고 이것은 앞으로 총무 업무를 함에 있어서 1차 고객인 직원을 이해하고 그

들의 니드를 파악하는 데 큰 도움이 될 것이라는 자연스러운 내용을 만들었다. 누가 보아도 확실한 의식을 가지고 미래를 준비하기 위하여 도전한 내용으로 볼 수 있을 것이다. 추가적으로 본인이 원해서 도전한 일인만큼 열정을 발휘해서 일했다는 내용으로 마무리를 하였다. 기업의 인재상인 도전과 열정을 한꺼번에 맞출 수 있도록 수정되었다.

'자기소개'를 이렇게 수정하니까 '지원동기 및 포부'의 주장은 확실하게 더 큰 힘을 발휘할 수 있게 되었다. 추가적으로 기업의 경영 방침과 중장기 전략 및 비전을 자연스럽게 버무려서 이 기업만을 위한 내용으로 조금씩 수정을 하였다.

지원동기 및 입사포부 (10라인 500자 이내)	지원 분야인 총무 업무에 초점을 맞추어 작성하였고 직원들을 1차 고객으로 생각하고 니드 파악하겠다는 포부
지원동기 및 입사포부 (10라인 500자 이내)	지원 분야인 총무 업무에 초점을 맞추어 작성하였고 직원들을 1차 고객으로 생각하고 니드 파악하겠다는 포부로 기업 정보에 접근

자동차 관심도도 에피소드 자체는 괜찮은 편이었는데 역시 약간의 포장이 필요하였다. 아르바이트로 돈을 모아서 유럽 여행을 갔다가 자동차 전시관에 방문한 이야기로 자동차에 대한 관심도를 표현하였는데 이것보다는 훨씬 더 큰 impact을 줄 수 있었기에 조금 아쉬웠다. 그래서 여행을 갔다가 자동차 전시관에 방문한 것이 아니라

자동차 전시관을 방문하기 위하여 여행을 갔다는 내용으로 이야기의 순서를 바꾸었다. 분명한 목적이 살아나면서 자동차에 대한 관심도를 더욱 끌어 올릴 수 있는 에피소드로 바뀌게 되었다. 문장 자체를 재구성한 것이다.

자동차관심도 및 관심전공과목 소개 (15라인 700자 이내)	유럽 자동차 전시관 방문 이야기
자동차관심도 및 관심전공과목 소개 (15라인 700자 이내)	유럽 자동차 전시관에 방문하기 위하여 아르바이트로 돈을 모아서 여행을 떠났다는 내용으로 포장

동아리 활동 · 연수경험 · 교육사항 · 아르바이트 · 수상경력에서는 기존에 있던 텔레마케터 경험을 자기소개로 옮겼기 때문에 350자 정도의 공간이 남았다. 그래서 지원자의 이력서를 다시 한 번 검토해보니까 지난 방학에 대기업에서 인턴으로 일했던 에피소드를 작성하지 않은 것을 발견했다. 지원자는 지금 지원하는 회사와 전혀 관련이 없는 인턴십이라서 아예 작성하지 않았다고 했는데 'Start 3'의 직무 경험에서도 알아 보았듯이 이 내용도 충분한 경쟁력으로 어필이 가능했다. 그래서 일단 350자의 공간에 기업 인턴십 경험을 통하여 신입 사원으로서의 자세를 배웠다는 내용으로 어필하면서 기업의 인재상 중 하나인 협력을 경험했다는 핵심 메시지를 만들었다.

이제 남은 것은 어학 연수 시절 전통 의상 페스티벌에 참가했던 에피소드이다. 지원자는 이 에피소드를 팀워크로 활용했었는데 내용상 이것보다는 창의라는 인재상에 맞추는 것이 훨씬 나아 보였다.

한국의 전통 의상인 한복을 보여주면서 사물 놀이를 함께 진행하여 참가자들의 관심도를 높였다는 내용이었는데 역시 창의라는 인재상에 맞추기 위하여 에피소드를 포장하였다. 그래서 지원자가 사물 놀이라는 창의적인 아이디어를 제안하여 한복과 함께 페스티벌을 진행하였고 결과적으로 많은 참가자들이 관심을 보였다는 성공적인 케이스로 포장하였다.

동아리 활동 · 연수경험 · 교육사항 · 아르바이트 · 수상경력 (15라인 700자 이내)	어학 연수 시절 전통 의상 페스티벌 참가와 텔레마케터 경험 작성
동아리 활동 · 연수경험 · 교육사항 · 아르바이트 · 수상경력 (15라인 700자 이내)	인턴십 경험을 통하여 신입 사원으로서의 자세를 배웠다는 내용+어학 연수 시절 전통 의상 페스티벌을 창의라는 인재상에 맞춤

결국 지원자는 '자기소개'에서 도전과 열정을, '동아리 활동 · 연수경험 · 교육사항 · 아르바이트 · 수상경력'에서 협력과 창의를 어필할 수 있었다. 글로벌 마인드는 굳이 맞추지는 않았지만 전통 의상 페스티벌 자체가 어학 연수 시에 진행했던 에피소드이므로 자연스럽게 그 느낌을 전달할 수 있었다.

이제 필자가 할 수 있는 것은 다했다. 지금부터는 여러분들의 몫이다. 처음 'Start 1'부터 재구성 실전 연습까지 차근차근 준비했다면 확실하게 이전과는 다른 자기소개서를 작성할 수 있을 것으로 믿는다.

마지막으로 전하고 싶은 필자의 한 마디.

> "
> 자기소개서,
> 절대로 재활용하지 마라.
> **재구성**하라!!!!
> "